9783403062189

Franziska Heiß

Musikgeschichte auf einen Blick

Eine illustrierte Zeitleiste von Bach bis zur Gegenwart

Auer

AF723890

GRATIS-DOWNLOADS
für das Fach Musik

Sichern Sie sich 2 originelle, komplett ausgearbeitete Unterrichtsstunden, die aus dem Stegreif in maximal 5 Minuten vorbereitet sind – ideal für Vertretungsstunden.

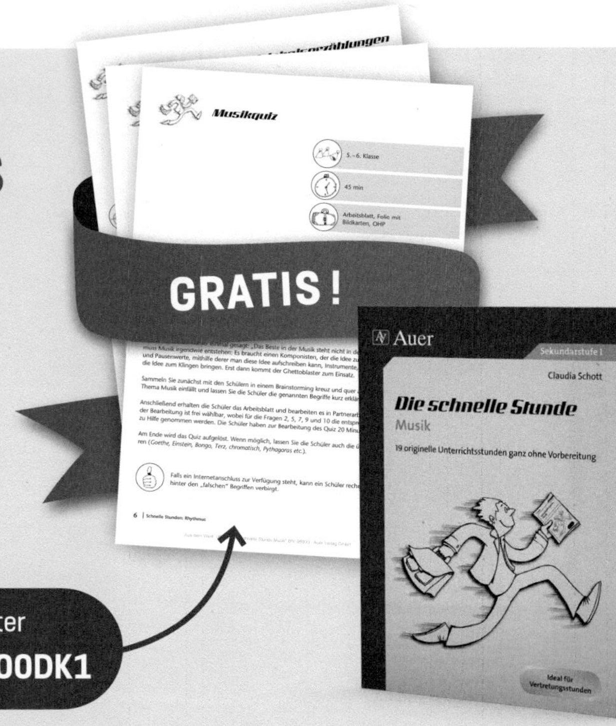

Download der Gratis-Materialien unter
www.auer-verlag.de/06900DK1

Gedruckt auf umweltbewusst gefertigtem, chlorfrei gebleichtem und alterungsbeständigem Papier.

4. Auflage 2019
Nach den seit 2006 amtlich gültigen Regelungen der Rechtschreibung

© Auer Verlag
AAP Lehrerfachverlage GmbH, Augsburg
Alle Rechte vorbehalten
Das Werk und seine Teile sind urheberrechtlich geschützt. Jede Nutzung in anderen als den gesetzlich zugelassenen Fällen bedarf der vorherigen schriftlichen Einwilligung des Verlages. Hinweis zu § 52 a UrhG: Weder das Werk noch seine Teile dürfen ohne eine solche Einwilligung eingescannt und in ein Netzwerk eingestellt werden. Dies gilt auch für Intranets von Schulen und sonstigen Bildungseinrichtungen.

Illustrationen: Steffen Jähde
Satz: krauß-verlagsservice, Augsburg
Druck und Bindung: Franz X. Stückle Druck und Verlag, Ettenheim
ISBN 978-3-403-**06218**-9

www.auer-verlag.de

Inhaltsverzeichnis

Vorwort

Vielen Schülern fehlt das Gespür, wie sich Entwicklungen in der Musikgeschichte chronologisch einordnen lassen. Welche Oper hat Verdi zuerst komponiert? Haben Händel und Telemann eigentlich zur selben Zeit gelebt? Wie lange hat die Romantik gedauert?
Die einprägsamste Möglichkeit, diese Abläufe zu vermitteln, ist eine detaillierte, aber dennoch übersichtliche Zeitleiste. Die Schüler bekommen auf einen Blick eine Vorstellung von zeitlichen Dimensionen und Zusammenhängen.

Im vorliegenden Band finden Sie eine ausgearbeitete Zeitleiste mit den wichtigsten Ereignissen, Komponisten und Werken der Musikgeschichte. Der Schwerpunkt liegt dabei auf lehrplanrelevanten Themen, die Sie in Ihrem Unterricht behandeln. Diese werden jedoch nicht isoliert betrachtet, sondern in den jeweiligen politischen und kulturgeschichtlichen Kontext eingebettet.

Die 36 Kopiervorlagen decken zum einen überblicksartig die gesamte lehrplanrelevante Musikgeschichte ab, zum anderen beleuchten sie 27 ausgewählte Schwerpunktthemen intensiver – wie z. B. Bachs Leben und Werk, die Gattung der Oper oder die Entwicklung des Jazz.

Durch ansprechende Illustrationen mit hohem Wiedererkennungswert prägen sich die Schüler die zentralen Köpfe und Einschnitte noch leichter ein. Eine solche Zeitleiste eignet sich für den Einsatz in allen Klassenstufen und kann den Schüler durch seine gesamte Schulkarriere begleiten.

Sie können die Kopiervorlagen vielseitig nutzen, ob zur Klassenraumgestaltung, als Arbeitsblätter oder zur Wiederholung. Neben der „Musikgeschichte auf einen Blick“ erscheinen in dieser Reihe auch Bände für die Fächer Deutsch und Geschichte. Die Bände lassen sich kombinieren, ermöglichen so fächerübergreifende Bezüge und verdeutlichen Ihren Schülern die Mehrschichtigkeit jeder geschichtlichen Entwicklung, die sich grundsätzlich auf unterschiedlichen, sich gegenseitig beeinflussenden Ebenen, wie Politik, Wirtschaft und Kultur, abspielt.

Musikgeschichte sehen und verstehen! Mit dieser Unterrichtshilfe machen Sie die Dimension Zeit und das Dickicht der Daten und Fakten durchschaubar – und das auf einen Blick!

Aufbau und Einsatz der Kopiervorlagen

Die Kopiervorlagen sind folgendermaßen aufgebaut:

Die Seiten 8–17 (Überblicksseiten) geben einen lückenlosen Überblick über die Musikgeschichte. Jede Überblicksseite bildet maßstabsgetreu genau 50 Jahre ab und zeigt die wichtigsten Ereignisse, Komponisten und Werke sowie Epochen und geschichtliche Hintergründe. Die Seiten führen sich fort, der Zeitstrahl schließt immer genau an die nächste Seite an, wenn man die Blätter im Querformat nebeneinander platziert.

Die Seiten 18–45 (Vertiefungsseiten) stellen mithilfe einer Zeitleiste ein bestimmtes Thema detaillierter dar. Wie durch eine Lupe wird ein thematisch geschlossener Ausschnitt aus dem Überblick näher beleuchtet. Die Vertiefungsseiten behandeln lehrplanrelevante Themen aus Ihrer Unterrichtspraxis. Sie bilden das Leben und Werk eines bestimmten Komponisten, eine Epoche oder eine Gattung ab. Der Zeitabschnitt der Vertiefungsseiten wird dem Thema entsprechend gewählt und folgt somit nicht dem Maßstab der Überblicksseiten.

Der Zeitstrahl befindet sich auf jeder Seite unten.
Darüber sind im Mittelbereich die wichtigsten Ereignisse, Komponisten und Werke angeordnet. Werke sind durch ein Notenschlüssel-Symbol 𝄞 gekennzeichnet, andere punktuelle Ereignisse durch eine Raute ♦.
Länger andauernde Ereignisse und das Leben zentraler Komponisten werden durch Balken dargestellt.
Im oberen Bereich der Seiten markieren Balken die Epochen.
Darüber befinden sich wichtige politische Ereignisse und Entwicklungen, um das Klima der jeweiligen Zeit und ihren Einfluss auf die Autoren und die Werke deutlich zu machen.

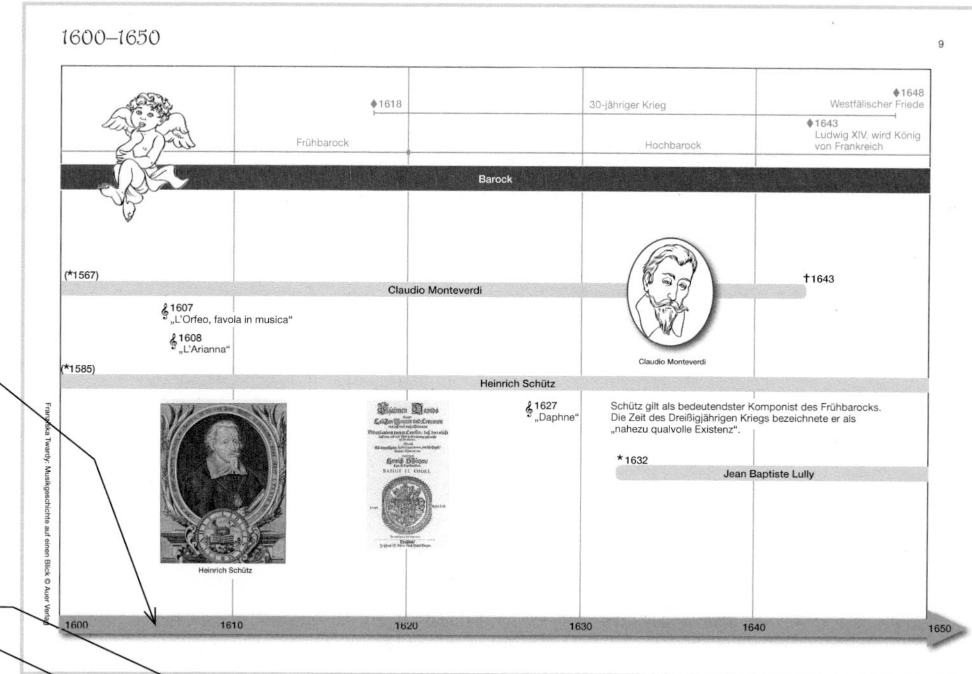

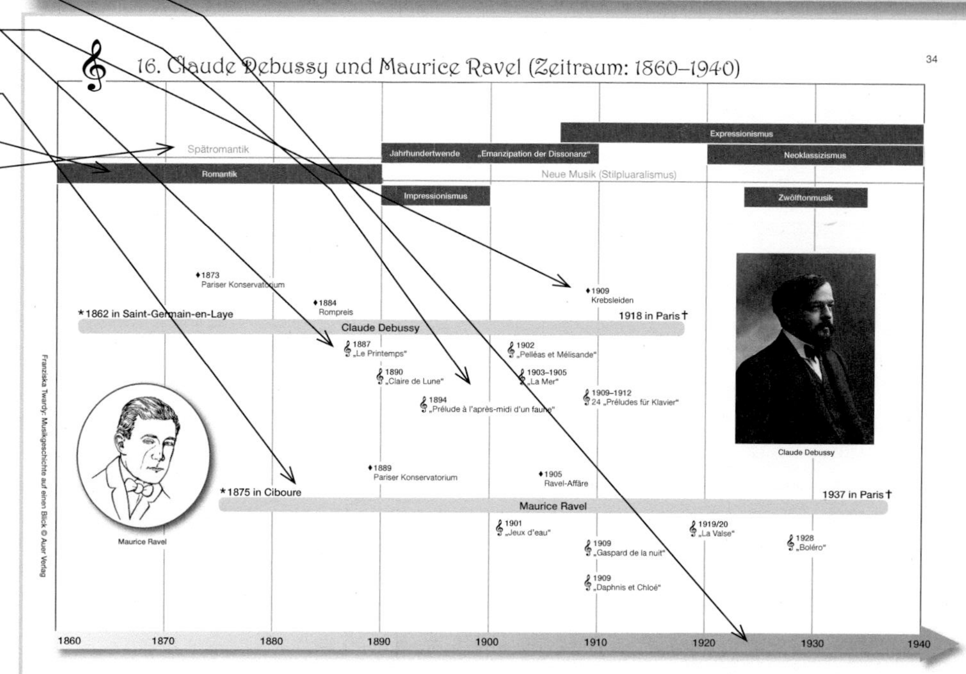

Die Kopiervorlagen in diesem Band lassen sich auf unterschiedlichste Art und Weise in Ihren Unterricht integrieren. Im Folgenden finden Sie einige Vorschläge für den Einsatz:

- Die Überblicksseiten lassen sich fortlaufend an einer Wand des Musikzimmers befestigen. So haben die Schüler den Überblick über die Musikgeschichte täglich vor Augen, prägen ihn sich ein und verinnerlichen eine realistische Einschätzung der Zeit.

- Die Zeitleisten-Wand entsteht entweder im Laufe des Unterrichts parallel zur Behandlung des jeweiligen Stoffes oder sie kann auch schon von Anfang an vom Lehrer komplett vorgegeben werden und von Schuljahresanfang an integraler Bestandteil der Klassenzimmerdekoration sein.

- Die Seiten lassen sich auch auf DIN A3 oder sogar DIN A2 vergrößern und an großflächigeren Wänden des Schulhauses (z. B. im Foyer oder in der Aula) als überdimensionales Zeitleisten-Panorama aufhängen.

- Die Schüler können die Seiten ausmalen und durch Bilder, Zeitungsausschnitte, Textpassagen usw. weiter ausschmücken.

- Die Schüler können sich aus den Kopien der Überblicksseiten auch ein Leporello basteln, bei dem ähnlich wie bei der Wandgestaltung ein Zeitleisten-Panorama gestaltet wird. Das Leporello lässt sich nach Gebrauch immer wieder auf Heftgröße DIN A4 zusammenfalten. Ein solches Leporello kann Ihre Schüler durch ihre gesamte Schulkarriere begleiten.

- Die Vertiefungsseiten können bei der Klassenraumgestaltung an der entsprechenden Stelle unterhalb der Überblickszeitleiste angebracht werden, sodass Ihre Schüler diese unmittelbar in den jeweiligen geschichtlichen Kontext einordnen können. Hierdurch wird deutlich, dass eine Vertiefungsseite wie durch eine Lupe einen bestimmten Abschnitt der Musikgeschichte genauer betrachtet. Auf Seite 7 wird dargestellt, wie eine Musikgeschichts-Zeitleistenwand gestaltet werden kann. Sie können immer nur die Vertiefungsseite des im Moment behandelten Themas an die Wand hängen, Sie können die Vertiefungsseiten aus vorherigen Unterrichtseinheiten aber auch hängen lassen.

- Die Musikgeschichte im Überblick kann neben den Vertiefungsseiten auch durch andere im Unterricht behandelte Themen ergänzt werden. Schnell erkennen die Schüler das Wachstumspotential der Zeitleiste und finden großen Spaß daran, sie individuell zu erweitern. Sie können mit den Schülern zusätzliche Vertiefungsseiten gestalten oder aber auch Fotos, Zeichnungen, Postkarten, Textausschnitte etc. mit entsprechenden Daten einfügen. Auf diese Weise haben Ihre Schüler ständig den Standort des gerade behandelten Unterrichtsstoffes auf der Zeitleiste vor Augen.

- Sie können die Vertiefungsseiten gut als Arbeitsblätter verwenden, wenn Sie in Ihrem Unterricht Themen wie die Oper oder Mozart behandeln. Sie eignen sich auch gut zur Zusammenfassung oder Wiederholung von Lerninhalten.

- Die Schüler können eine Vertiefungsseite auch als Heftumschlag um ihr Heft zum jeweiligen Thema kleben.

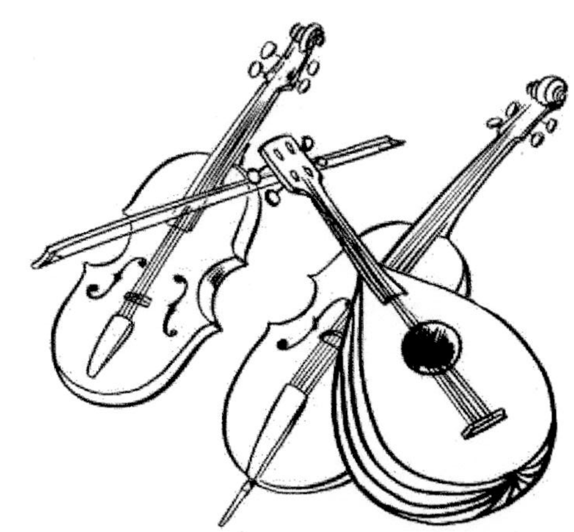

Das Zeitleisten-Panorama im Klassenzimmer

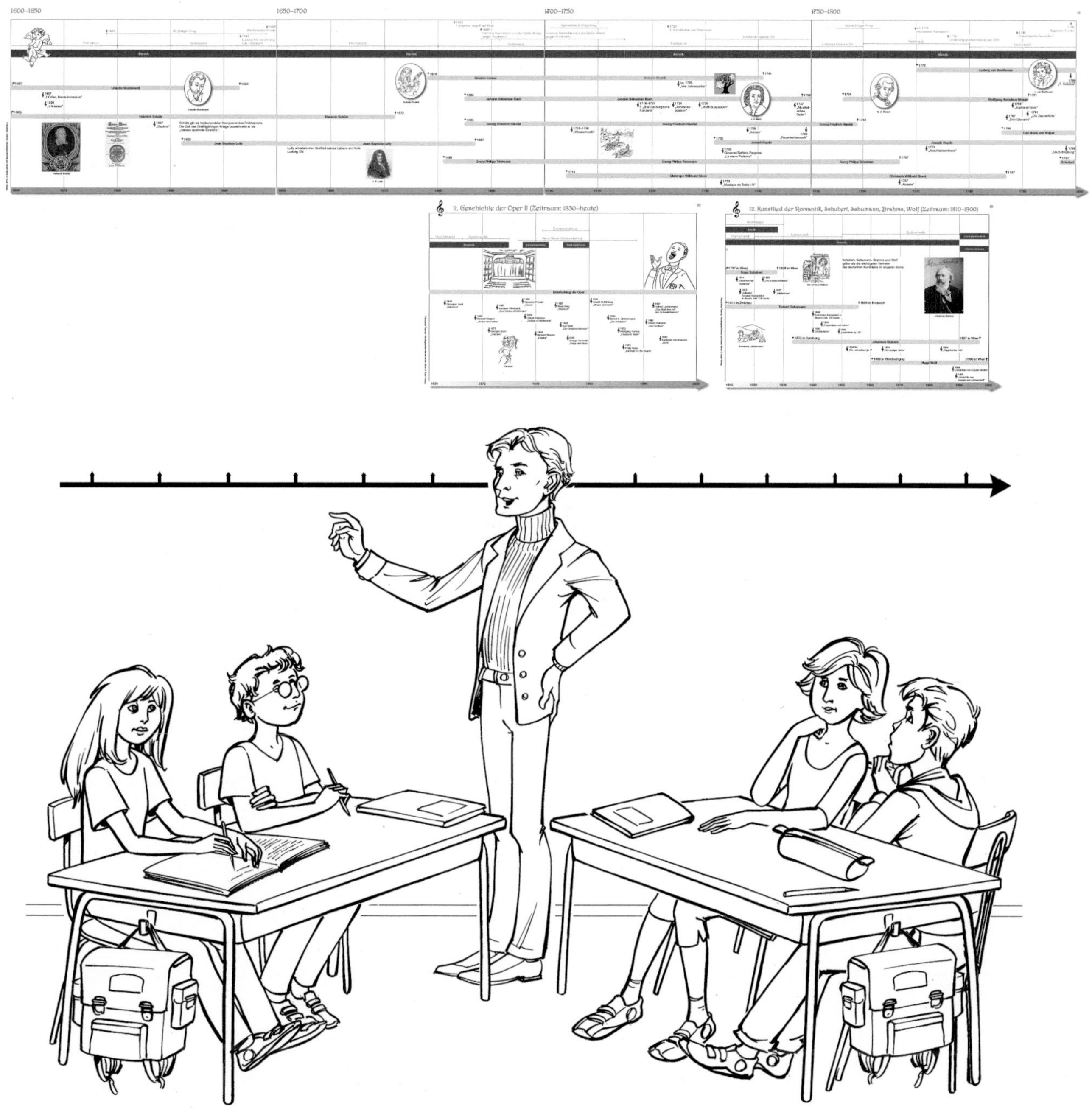

← Überblicksseiten

← Vertiefungsseiten

Die Überblicksseiten (Seite 8 bis 17) lassen sich entsprechend der Darstellung fortlaufend an einer Wand des Klassenzimmers befestigen. Sie benötigen dazu eine Länge von ca. 3 m, wenn Sie die Seiten in DIN A4 kopieren.

Auf der Skizze ist dargestellt, wie die Vertiefungsseiten der Zeitleiste zugeordnet werden können.

Überblicksseiten

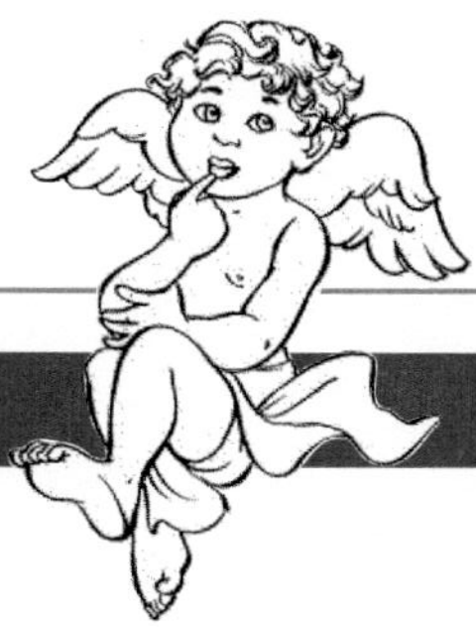

♦1618 – ♦1648 30-jähriger Krieg

♦1648 Westfälischer Friede

♦1643 Ludwig XIV. wird König von Frankreich

Frühbarock

Hochbarock

Barock

(*1567) **Claudio Monteverdi** †1643

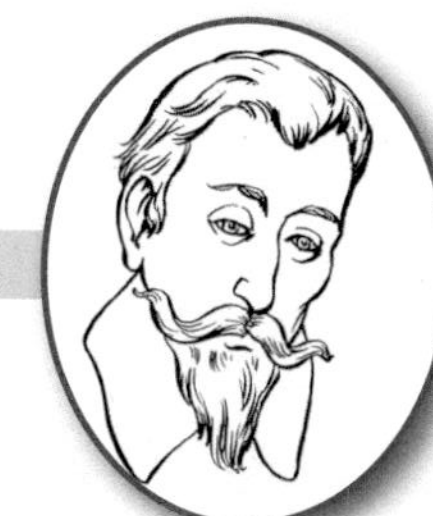

Claudio Monteverdi

𝄞 1607 „L'Orfeo, favola in musica"

𝄞 1608 „L'Arianna"

(*1585) **Heinrich Schütz**

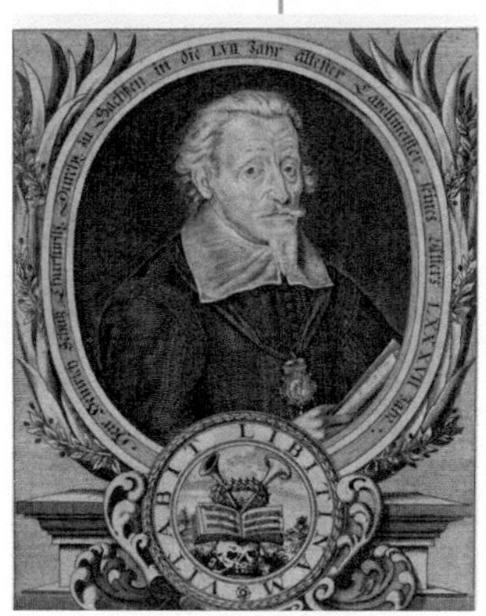

Heinrich Schütz

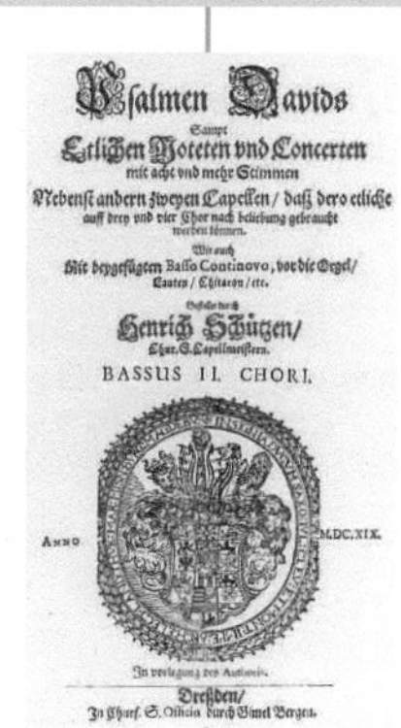

𝄞 1627 „Daphne"

Schütz gilt als bedeutendster Komponist des Frühbarocks. Die Zeit des Dreißigjährigen Kriegs bezeichnete er als „nahezu qualvolle Existenz".

*1632 **Jean Baptiste Lully**

1600 | 1610 | 1620 | 1630 | 1640 | 1650

Franziska Heiß: Musikgeschichte auf einen Blick © Auer Verlag

1650–1700

◆1683 Türkischer Angriff auf Wien

◆1688 Glorious Revolution und die Große Allianz gegen Frankreich

Hochbarock

Spätbarock

Barock

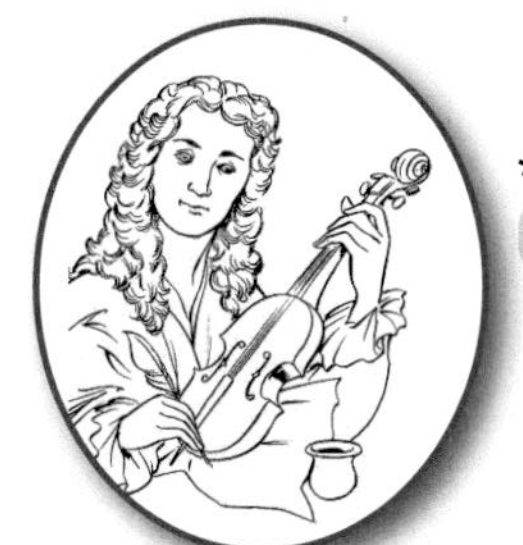

Antonio Vivaldi

*1678 **Antonio Vivaldi**

*1685 **Johann Sebastian Bach**

Heinrich Schütz †1672

*1685 **Georg Friedrich Händel**

Jean-Baptiste Lully †1687

Lully arbeitete den Großteil seines Lebens am Hofe Ludwig XIV.

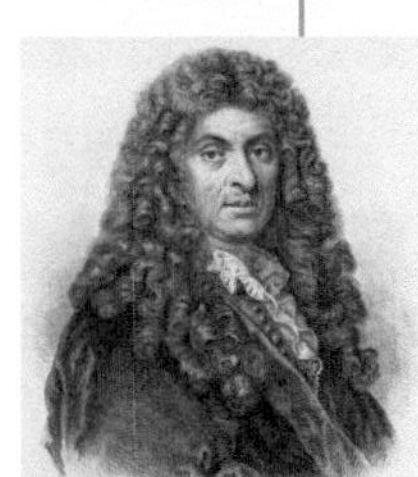

J. B. Lully

*1681 **Georg Philipp Telemann**

1650 1660 1670 1680 1690 1700

Franziska Heiß: Musikgeschichte auf einen Blick © Auer Verlag

1700–1750

Spanischer Erbfolgekrieg

Glorious Revolution und die Große Allianz gegen Frankreich

♦1723
1. Konstitution der Freimaurer

Spätbarock

Vorklassik/Galanter Stil

Barock

Antonio Vivaldi – †1741

𝄞 ca. 1725 „Vier Jahreszeiten“

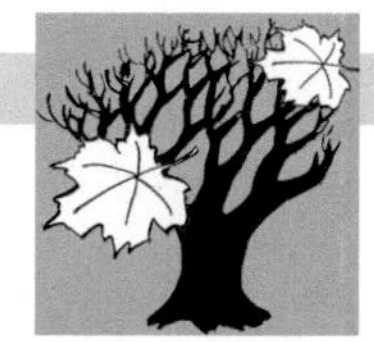

Johann Sebastian Bach – †1750

𝄞 1718–1721 6 „Brandenburgische Konzerte“

𝄞 1724 „Johannes-passion“

𝄞 1729 „Matthäuspassion“

𝄞 1747 „Musikali-sches Opfer“

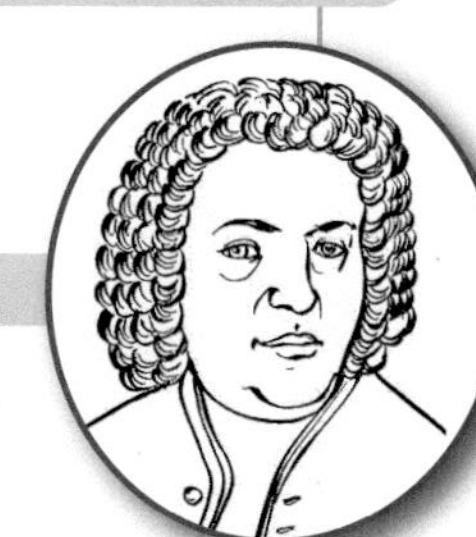

J. S. Bach

Georg Friedrich Händel

𝄞 1715–1736 „Wassermusik“

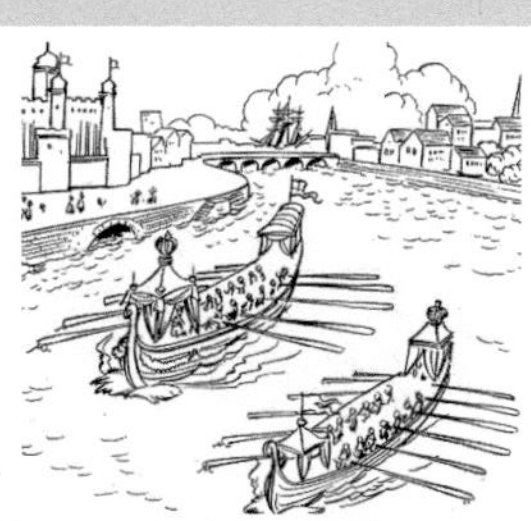

𝄞 1738 „Xerxes“

𝄞 1749 „Feuerwerksmusik“

Joseph Haydn – *1732

𝄞 1733 Giovanni Battista Pergolesi „La serva Padrona“

Georg Philipp Telemann

Christoph Willibald Gluck – *1714

𝄞 1733 „Musique de Table I–III“

1700 – 1710 – 1720 – 1730 – 1740 – 1750

Franziska Heiß: Musikgeschichte auf einen Blick © Auer Verlag

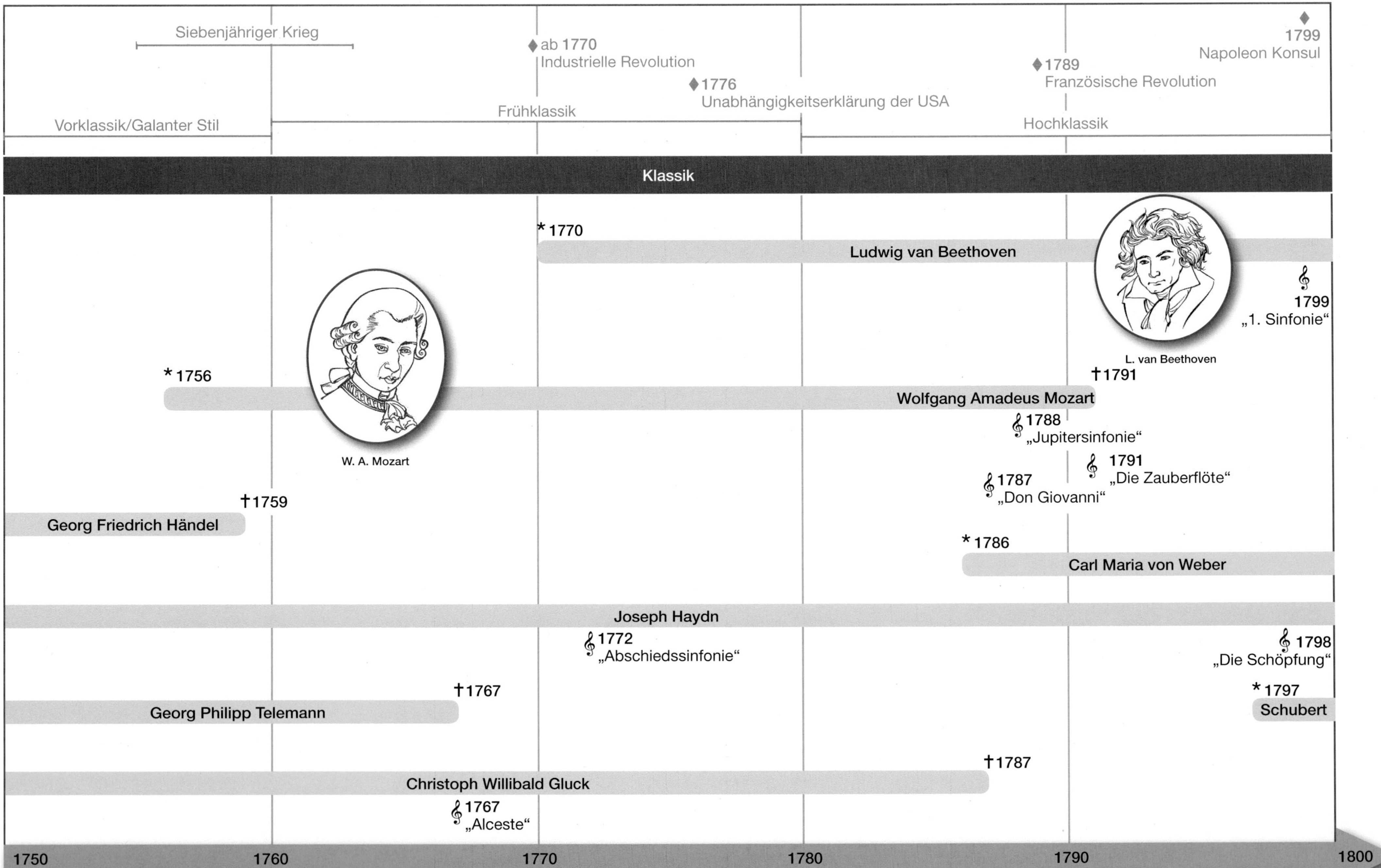

Franziska Heiß: Musikgeschichte auf einen Blick © Auer Verlag

♦1806 Ende des Hl. Röm. Reichs dt. Nation

♦1815 Wiener Kongress: Neuordnung Europas

♦1848 Kommunistisches Manifest

Frühromantik

Hochromantik

Romantik

Hochklassik

Klassik

Ludwig van Beethoven †1827

𝄞1803 „Eroica“

𝄞1808 „5. Sinfonie“, „6. Sinfonie“

𝄞1814 „Fidelio“

𝄞1824 „9. Sinfonie“

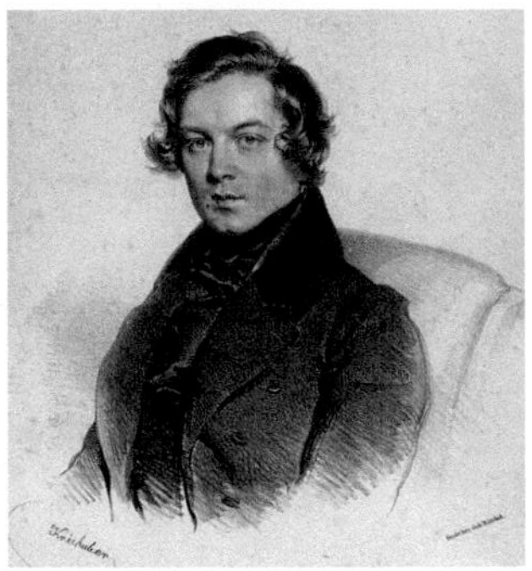

R. Schumann

*1819 Clara Schumann

*1810 Robert Schumann

𝄞1841 „1. Sinfonie“

*1811 Franz Liszt

*1813 Giuseppe Verdi

𝄞1847 „Macbeth“

Carl Maria von Weber †1826

𝄞1821 „Der Freischütz“

♦1829 Wiederaufführung von Bachs Matthäuspassion

Joseph Haydn †1809

*1810 Frédéric Chopin 1849†

Franz Schubert †1828

𝄞1822 „Unvollendete“

𝄞1827 „Winterreise“

*1833 Johannes Brahms

*1813 Richard Wagner

𝄞1843 „Der fliegende Holländer“

1800 | 1810 | 1820 | 1830 | 1840 | 1850

Franziska Heiß: Musikgeschichte auf einen Blick © Auer Verlag

1850–1900

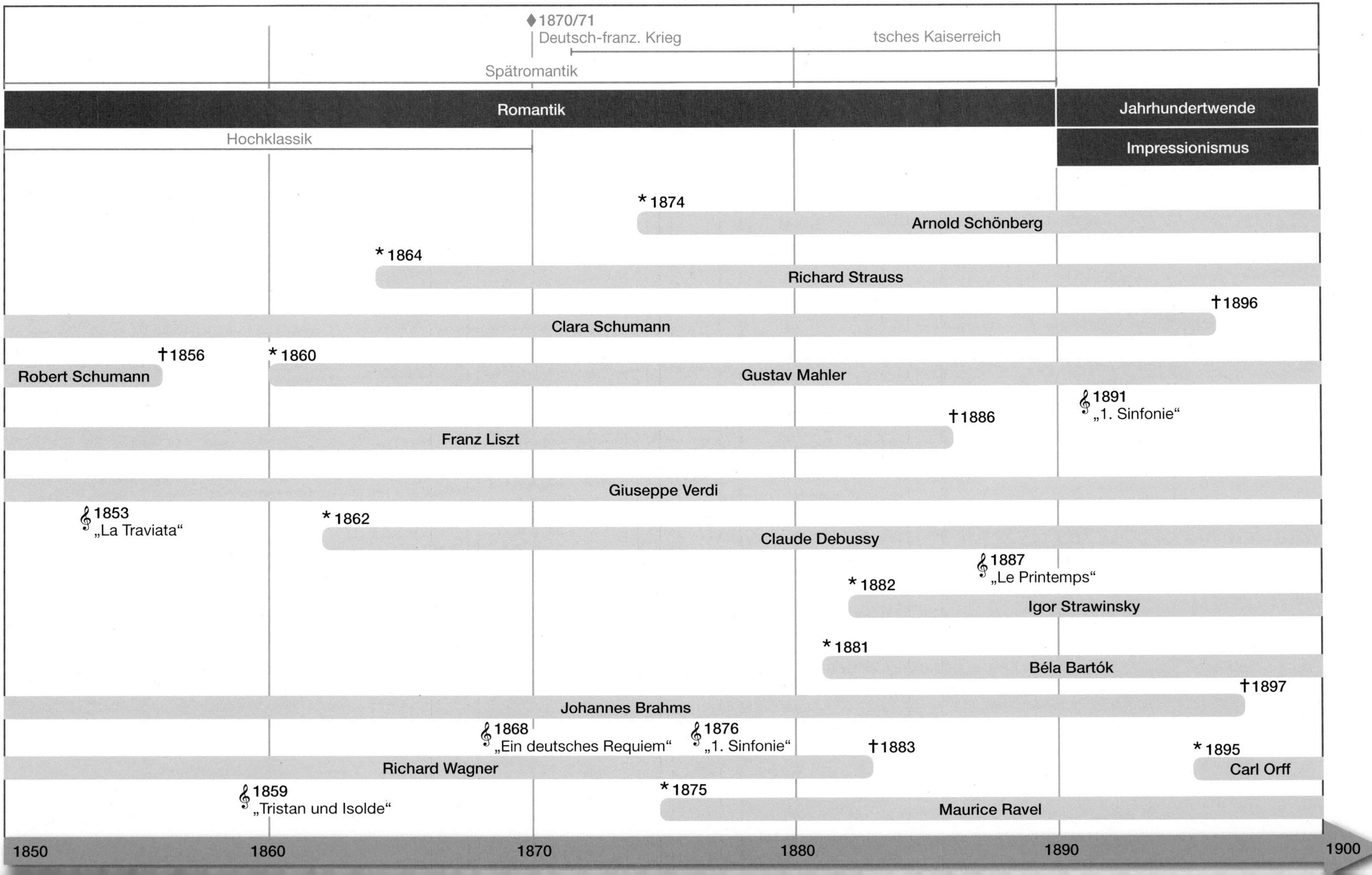

Franziska Heiß: Musikgeschichte auf einen Blick © Auer Verlag

1900–1950

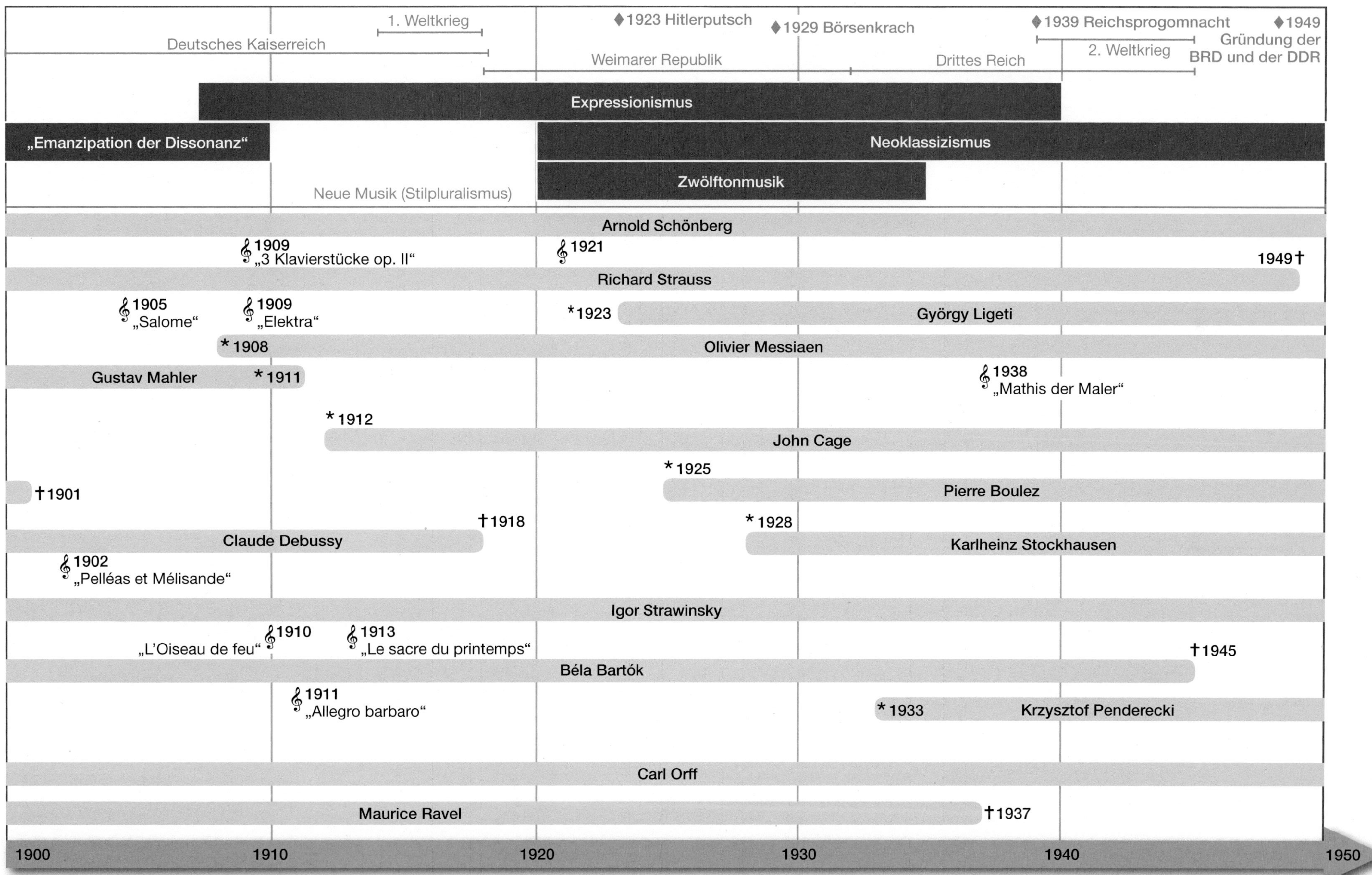

Franziska Heiß: Musikgeschichte auf einen Blick © Auer Verlag

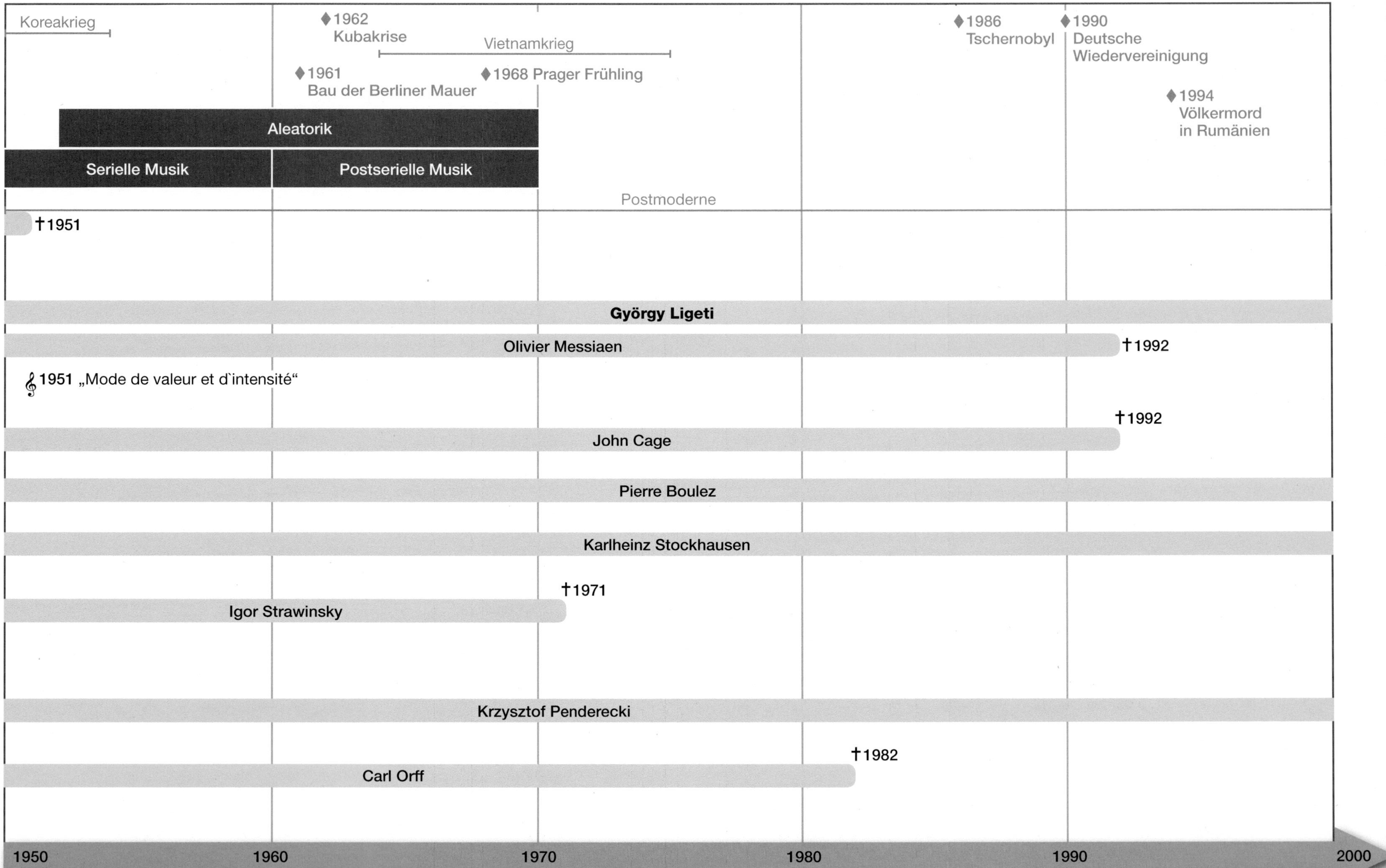

Franziska Heiß: Musikgeschichte auf einen Blick © Auer Verlag

2000–2050

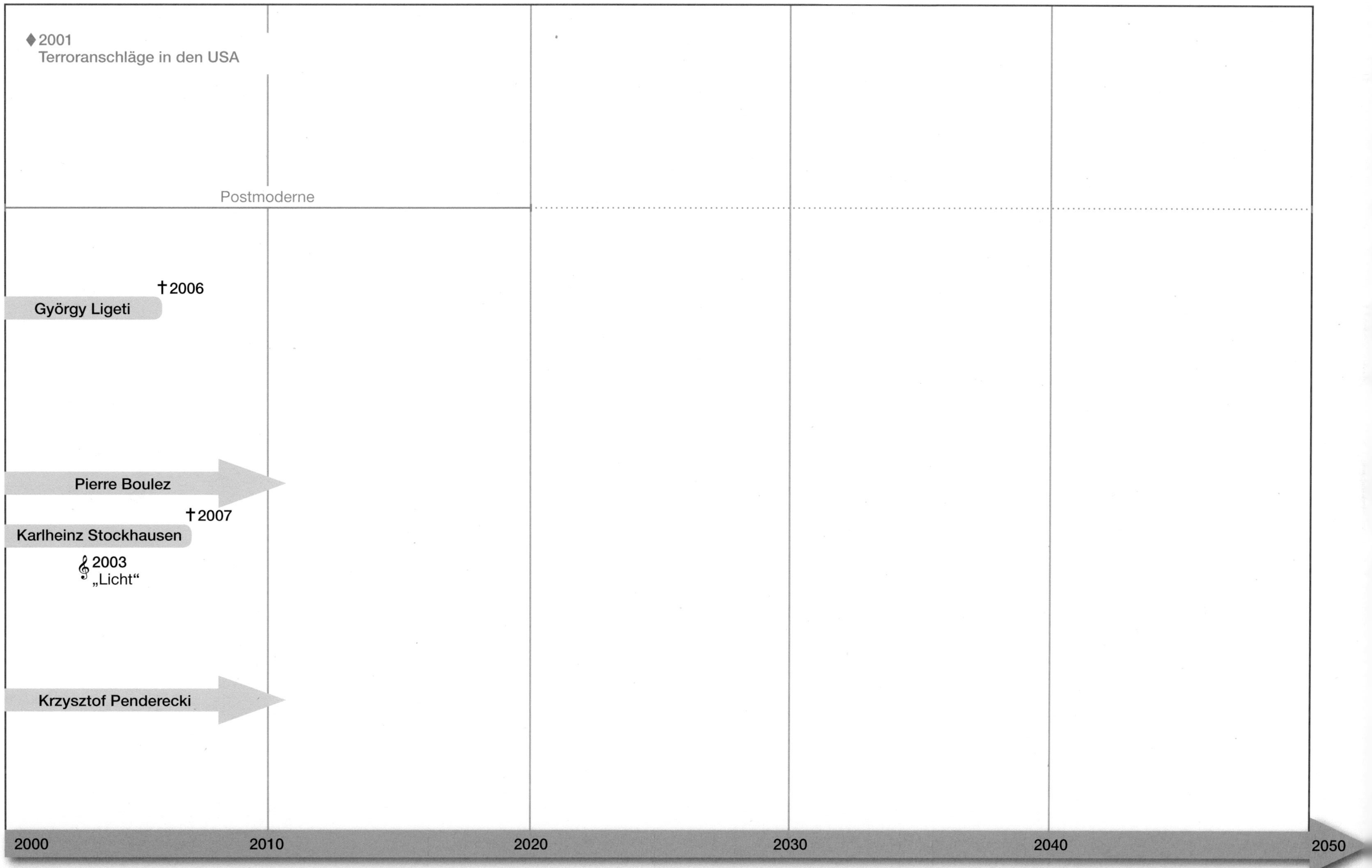

Franziska Heiß: Musikgeschichte auf einen Blick © Auer Verlag

Vertiefungsseiten

1. Geschichte der Oper I (Zeitraum: 1590–1830)

Frühbarock | Hochbarock | Spätbarock | Frühklassik | Hochklassik

Barock | Klassik

Frühromantik

Romantik

♦ **Ende 16. Jh. „Florentiner Camerata“**
Gelehrtenkreis in Florenz, der sich mit dem Theater der Antike beschäftigt

♦ **1637**
Das erste öffentliche Opernhaus (Venedig)

♦ **1678–1738**
Opernhaus Hamburg: führende Rolle in der musikalischen Welt Europas

♦ **18. Jh.**
„Opera seria“ (ernste Oper) entsteht

♦ **Mitte 18. Jh.**
„Opera buffa“ (heitere Oper) entsteht

♦ **1752–54**
Buffonistenstreit:
Streit zwischen französischer und italienischer Oper

♦ **1789**
Franz. Revolution

Entwicklung der Oper

𝄞 **1597**
Jacopo Peri
„La Dafne“: gilt als 1. Werk der Gattung Oper

𝄞 **1607**
Claudio Monteverdi
„L'Orfeo“

𝄞 **1627**
Heinrich Schütz
„Daphne“: gilt als 1. deutsche Oper

𝄞 **1689**
Henry Purcell
„Dido and Aeneas“

𝄞 **1738**
Georg Friedrich Händel
„Xerxes“

𝄞 **1733**
Giovanni B. Pergolesi
„La serva padrona“

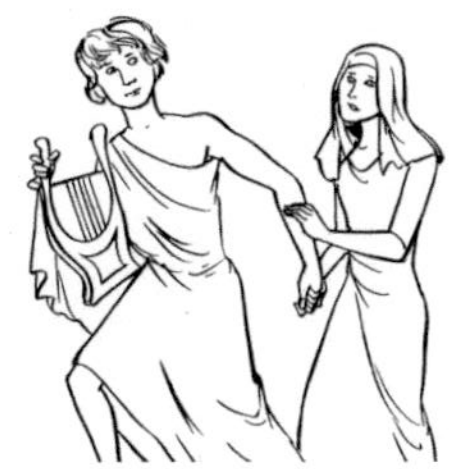

Orpheus und Eurydike

𝄞 **1762**
Christoph Willibald Gluck
„Orfeo ed Euridice“

𝄞 **1787**
W. A. Mozart
„Don Giovanni“

𝄞 **1814**
Ludwig van Beethoven
„Fidelio“

𝄞 **1821**
Carl Maria von Weber
„Der Freischütz“

𝄞 **1829**
Gioachino Rossini
„Guillaume Tell“

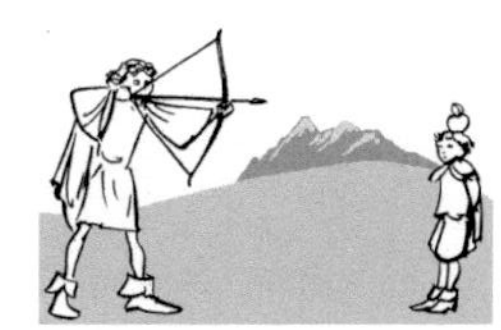

Wilhelm Tell

1590 | 1630 | 1670 | 1710 | 1750 | 1790 | 1830

Franziska Heiß: Musikgeschichte auf einen Blick © Auer Verlag

2. Geschichte der Oper II (Zeitraum: 1830–heute)

Hochromantik – Spätromantik

Expressionismus

Neue Musik (Stilpluralismus)

Romantik – Impressionismus – Neoklassizismus

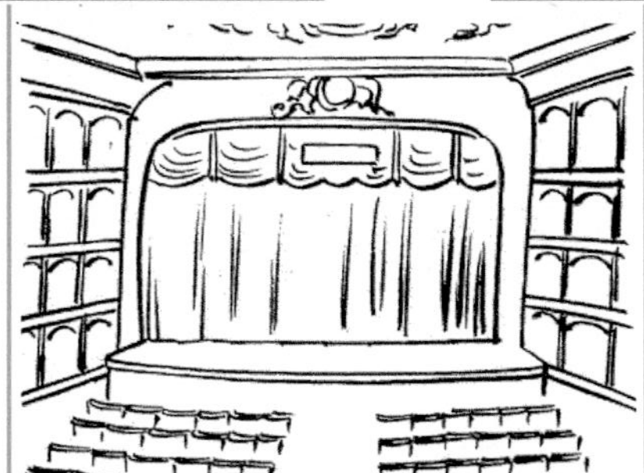

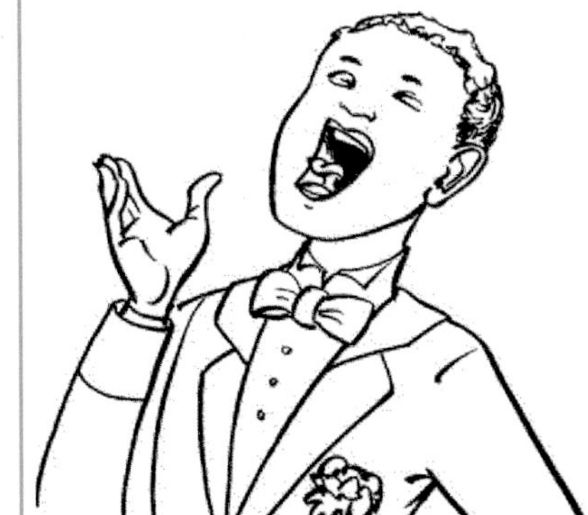

Entwicklung der Oper

1842 Giuseppe Verdi „Nabucco“

1865 Richard Wagner „Tristan und Isolde“

1875 Georges Bizet „Carmen“

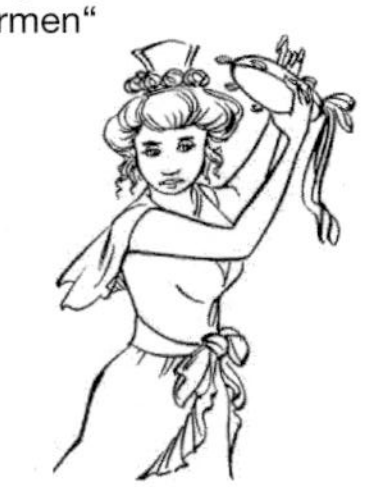

Carmen

1881 Jacques Offenbach „Les Contes d'Hoffmann“

1900 Giacomo Puccini „Tosca“

1902 Claude Debussy „Pelléas et Mélisande“

1909 Richard Strauss „Elektra“

1925 Alban Berg „Wozzeck“

1928 Kurt Weill „Die Dreigroschenoper“

1935 George Gerswhin „Porgy and Bess“

1951 Arnold Schönberg „Moses und Aron“

1965 Bernd A. Zimmermann „Die Soldaten“

1972 Wolfgang Fortner „Elisabeth Tudor“

1975 Philip Glass „Einstein on the Beach“

1992 Aribert Reimann „Das Schloss“

1997 Helmut Lachenmann „Das Mädchen mit den Schwefelhölzern“

2003 Karlheinz Stockhausen „Licht“

1830 – 1870 – 1910 – 1950 – 1990 – 2030

Franziska Heiß: Musikgeschichte auf einen Blick © Auer Verlag

3. Johann Sebastian Bach (Zeitraum: 1680–1780)

Vorklassik/Galanter Stil

Spätbarock

Barock

Johann Sebastian Bach war ein deutscher Komponist, Orgel- und Klaviervirtuose des Barock

♦1703 Als Violinist in Arnstadt angestellt

♦1708 Umzug nach Weimar; ab 1714 dort Konzertmeister

♦1717 Kapellmeister in Köthen

♦1723 Thomaskantor in Leipzig

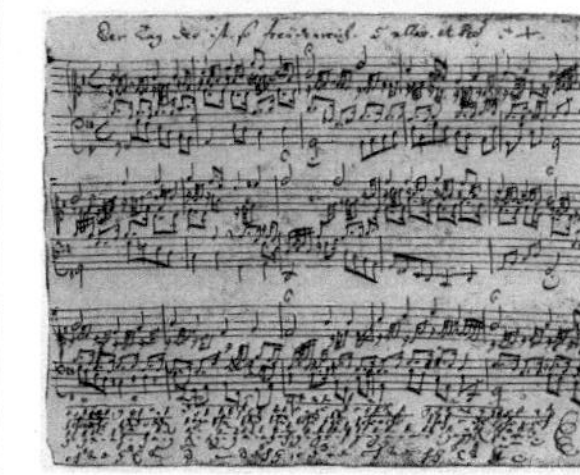

*1685 in Eisenach

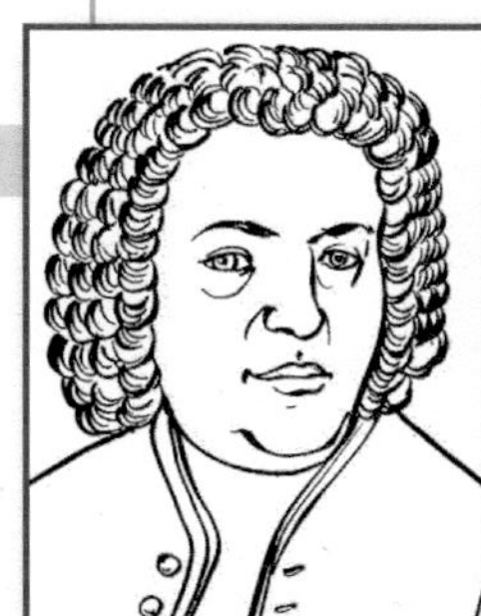

J. S. Bach

Johann Sebastian Bach

†1750 in Leipzig

1718–1721 6 „Brandenburgische Konzerte“ entstehen

1722 „Das Wohltemperierte Klavier I“

1724 „Johannespassion“

1724–1749 „h-moll-Messe“

1729 Matthäuspassion

1734 Weihnachtsoratorium

1747 „Das musikalische Opfer“

1750 „Die Kunst der Fuge“

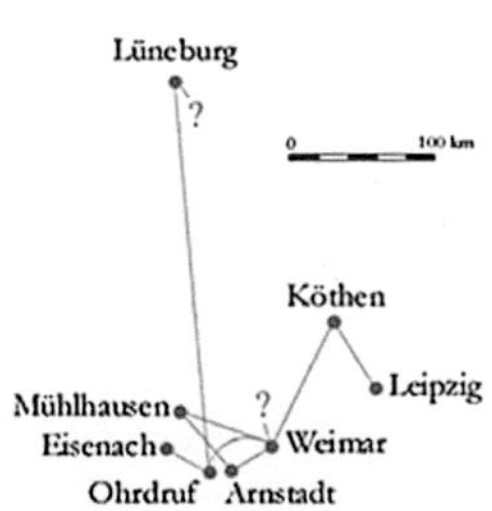

Wohnorte Bachs

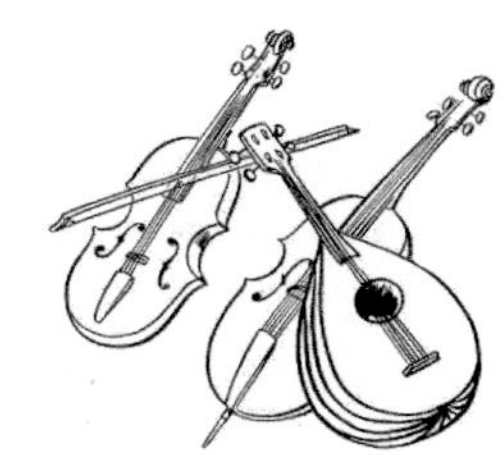

Die Bach-Söhne:
*1710 Wilhelm Friedmann Bach (†1784)
*1714 Carl Philipp Emanuel Bach (†1788)
*1732 Johann Christoph Friedrich Bach (†1795)
*1735 Johann Christian Bach (†1779)

1680 1700 1720 1740 1760

4. Suite (Zeitraum: 1710–1750)

Vorklassik/Galanter Stil

Spätbarock

Barock

(♦17. Jh. Die Suite entwickelt sich in Frankreich
Abfolge meistens: Allemande – Courante – Sarabande – Gigue)

Georg Philipp Telemann (*1681) (†1767)

- 1723 „Wassermusik"

Georg Friedrich Händel (*1685) (†1759)

- 1717–1736 „Wassermusik"
- 1720 „Cembalo-Suiten"
- 1749 „Feuerwerksmusik"

Johann Sebastian Bach (*1685) (†1756)

- 1720 „Suiten für Violoncello"
- ca. 1720 „Französische Suiten" und „Englische Suiten"
- nach 1723 4 Orchestersuiten
- 1731 „Partiten"

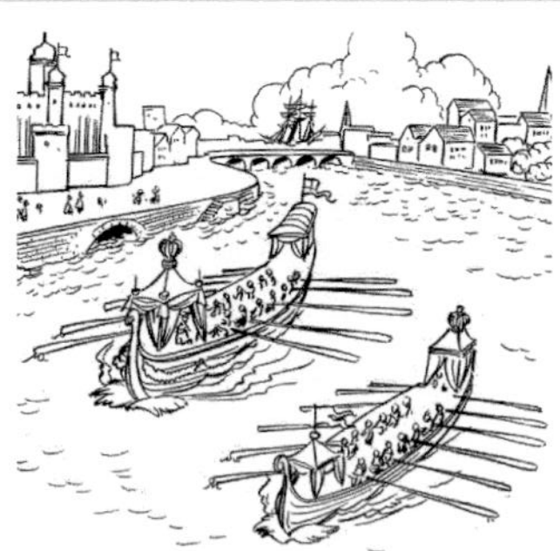

Wassermusik

1710 – 1720 – 1730 – 1740 – 1750

Franziska Heiß: Musikgeschichte auf einen Blick © Auer Verlag

5. Concerto Grosso (Zeitraum: 1710–1760)

Vorklassik/Galanter Stil

Spätbarock

Klassik

Barock

1718 Francesco Manfredini „12 Concerti op. 3“

1755 Francesco Geminiani „Concerti Grossi op. 3“

(*1685) Johann Sebastian Bach †1750

1718–1721 „6 Brandenburgische Konzerte“

A. Corelli †1713

1714 erschienen: „12 Concerti grossi op. 6“: gelten als 1. veröffentliche Sammlung dieser Gattung

(*1685) Georg Friedrich Händel 1759†

ca. 1733 „Concerti Grossi op. 3“

1740 „12 Concerti Grossi op. 6“

1736 „Alexanderfest“

(*1678) Antonio Vivaldi †1741

nach 1720 „Concerto C-Dur“

ca. 1729 „Concerto D-Dur“

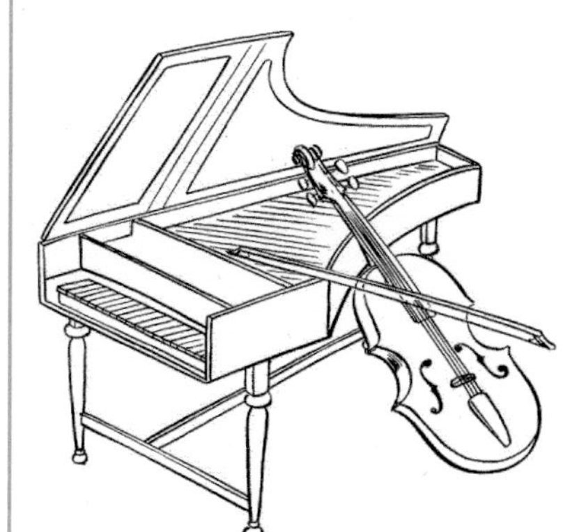

1710 1720 1730 1740 1750 1760

Franziska Heiß: Musikgeschichte auf einen Blick © Auer Verlag

6. Joseph Haydn (Zeitraum: 1730–1810)

Vorklassik/Galanter Stil

Frühklassik/Empfindsamer Stil

Hochklassik

Klassik

♦ab 1737: Ausbildung als Chorsänger

♦ab 1749: Karriere als freier Musiker; auch bei Hofe angestellt

♦1761 Kapellmeister des Fürsten Esterhazy

♦1790–92 1. Englandreise

♦1790 Wien

♦1794/95 2. Englandreise

*1732 in Rohrau

Joseph Haydn

1809 in Wien †

𝄞 1759 „1. Sinfonie“

𝄞 1772 „Abschiedssinfonie“

𝄞 1781 „6 Streichquartette op. 33“

𝄞 1798 „Die Schöpfung“

𝄞 1801 „Die Jahreszeiten“

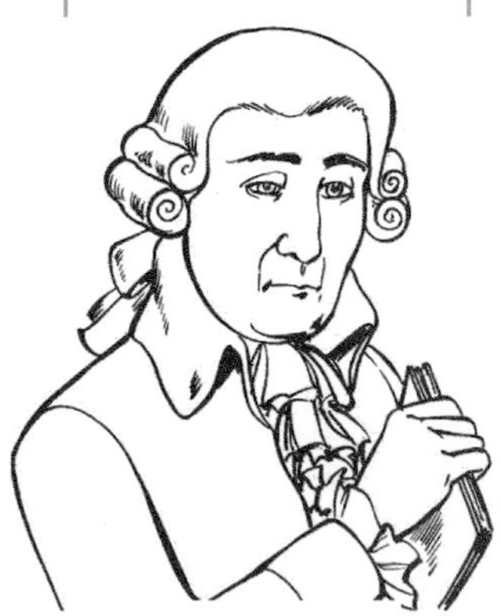

Joseph Haydn

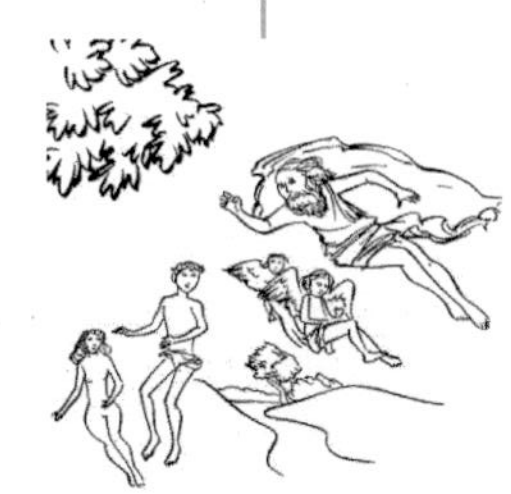

Die Schöpfung

1730 | 1740 | 1750 | 1760 | 1770 | 1780 | 1790 | 1800 | 1810

Franziska Heiß: Musikgeschichte auf einen Blick © Auer Verlag

7. Wolfgang Amadeus Mozart (Zeitraum: 1750–1800)

Vorklassik/Galanter Stil

Frühklassik/Empfindsamer Stil

Hochklassik

Klassik

♦1772–1777
Konzertmeister Salzburg

♦1779
Hoforganist in Wien

♦1781
Freier Künstler in Wien

♦1782
Ehe mit Konstanze Weber

*1756 in Salzburg

Wolfgang Amadeus Mozart

†1791 in Wien

𝄞 ca. 1764
„1. Sinfonie“

𝄞 1773
„G-moll Sinfonie“

𝄞 1778
„Pariser Sinfonie“

𝄞 1779
„Missa Brevis“

𝄞 1782
„Die Entführung aus dem Serail“

𝄞 1786
„Le nozze di Figaro“

𝄞 1787
„Don Giovanni“

𝄞 1788
„Jupitersinfonie“

𝄞 1791
„Die Zauberflöte“

𝄞 1791
„Requiem“

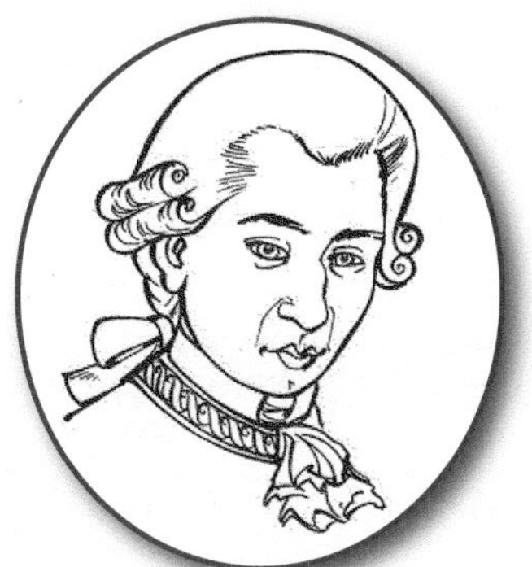

W. A. Mozart

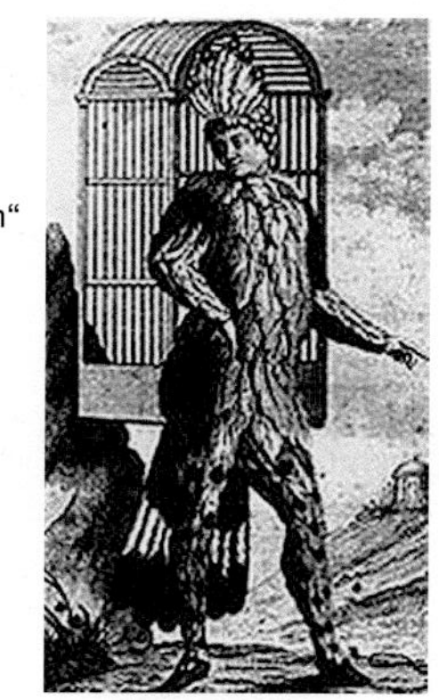

Papageno
(Die Zauberflöte)

1750 – 1760 – 1770 – 1780 – 1790 – 1800

Franziska Heiß: Musikgeschichte auf einen Blick © Auer Verlag

8. Sinfonie (Zeitraum: 1750–1830)

Vorklassik/ Galanter Stil (1750–1760)

Frühklassik/ Empfindsamer Stil (1760–1780)

Hochklassik (1780–1820)

Restauration/Vormärz (1815–1830)

Klassik (1750–1830)

Frühromantik (1790–1820)

Romantik (1790–1830)

Nach klassischem Verständnis handelt es sich bei einer Sinfonie um ein aus in der Regel vier Sätzen bestehendes Stück für Orchester ohne Solisten.

Mit der klassischen Sinfonie ab Mitte des 18. Jahrhunderts werden v. a. Haydn (104 Sinfonien), Mozart (50 Sinfonien) und Beethoven (9 Sinfonien) in Verbindung gebracht.

Entwicklung der Sinfonie

- 1759 Joseph Haydn „1. Sinfonie“
- 1772 Joseph Haydn „Abschiedssinfonie“
- 1778 Wolfgang A. Mozart „Pariser Sinfonie“
- 1786 Wolfgang A. Mozart „Prager Sinfonie“
- 1788 Wolfgang A. Mozart „Jupitersinfonie“
- 1791 Joseph Haydn „Mit dem Paukenschlag“ „Londoner Sinfonien“
- 1800 Ludwig v. Beethoven „1. Sinfonie“
- 1803 Ludwig v. Beethoven „Eroica“
- 1808 Ludwig v. Beethoven „5. Sinfonie“
- 1808 Ludwig v. Beethoven „Pastorale“
- 1822 Franz Schubert „Unvollendete“
- 1824 Ludwig v. Beethoven „9. Sinfonie“

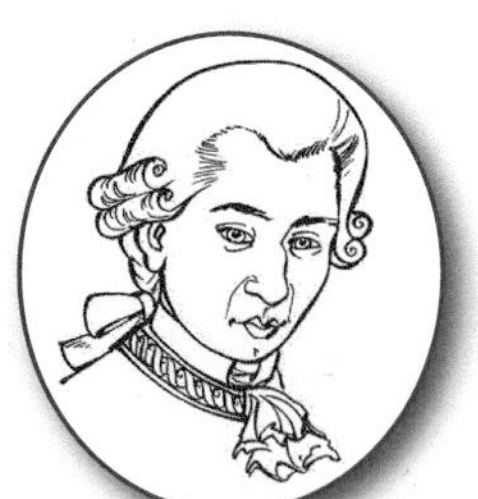

Wolfgang A. Mozart

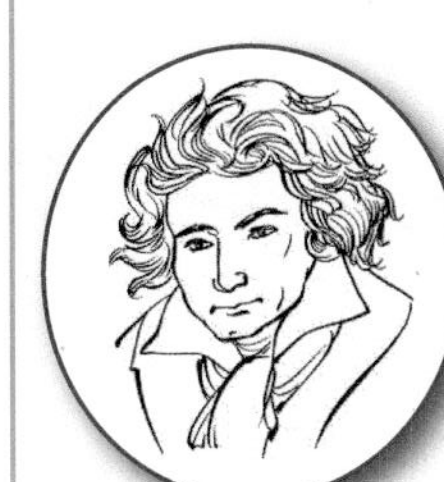

Ludwig v. Beethoven

1750 1760 1770 1780 1790 1800 1810 1820 1830

Franziska Heiß: Musikgeschichte auf einen Blick © Auer Verlag

9. Ludwig van Beethoven (Zeitraum: 1770–1830)

Frühklassik

Klassik

Frühromantik

Romantik

♦ 1782 Unterricht bei Neefe

♦ 1792 Unterricht bei Haydn

♦ ca. 1800 einsetzende Ertaubung

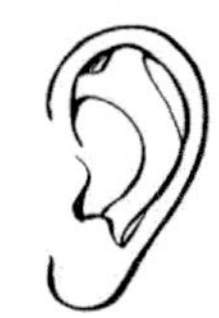

♦ ca. 1820 Ertaubung

♦ 1826 Neffe begeht Selbstmordversuch

*1770 in Bonn

Ludwig van Beethoven

†1827 in Wien

𝄞 1800 „1. Sinfonie C-dur“

𝄞 1803 „Eroica“

𝄞 1804 „Appassionata“

𝄞 1806 „Violinkonzert D-dur op. 61“

𝄞 1806 „Rasumovsky Quartette“

𝄞 1808 „Pastorale“

𝄞 1808 „5. Sinfonie“

𝄞 1809 „Kaiserkonzert“

𝄞 1814 „Fidelio“

𝄞 1821/22 „Klaviersonaten op. 109–111“

𝄞 1823 „Missa solemnis“

𝄞 1824 „9. Sinfonie“

1770 – 1780 – 1790 – 1800 – 1810 – 1820 – 1830

Franziska Heiß: Musikgeschichte auf einen Blick © Auer Verlag

10. Franz Schubert (Zeitraum: 1790–1830)

Hochklassik

Klassik

Frühromantik

Hochromantik

Romantik

*1797 in Wien

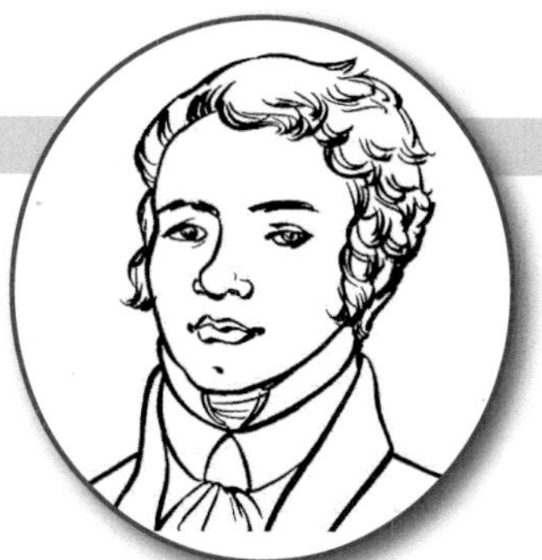

Franz Schubert

♦1808 Sängerknabe der Hofkapelle

♦1812 Tod der Mutter

♦1815 Vergebliche Liebe zu Therese Grob

♦1821–1828 „Schubertiaden“ in Wien

Franz Schubert

†1828 in Wien

𝄞 1814 „Gretchen am Spinnrad“

𝄞 1815 „Liederjahr“ „Erlkönig“

𝄞 1819 „Forellenquintett“

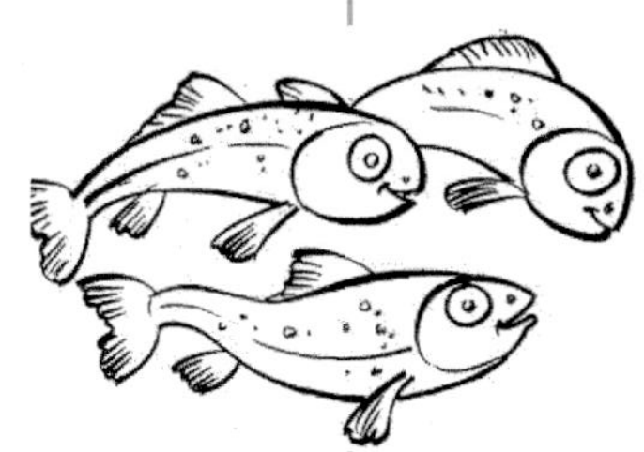

𝄞 1822 „Unvollendete“

𝄞 1823 „Die schöne Müllerin“

𝄞 1827 „Winterreise“

1790 | 1800 | 1810 | 1820 | 1830

Franziska Heiß: Musikgeschichte auf einen Blick © Auer Verlag

11. Robert und Clara Schumann (Zeitraum: 1810–1900)

Klassik

Frühromantik – Hochromantik – Spätromantik – Jahrhundertwende

Romantik

Impressionismus

Clara Schumann

***1819 in Leipzig**

♦1828 Klavierunterricht bei Claras Vater

♦1830 1. Komposition veröffentlicht

♦1831 Paris

♦1836 heimliches Treffen in Dresden

♦1840 Hochzeit

♦1844 Russland

♦1846 Wien/Prag

1847 „Klaviertrio g-moll“

♦1855 England

♦1865 Russland

♦1873 Clara gibt Werke Roberts heraus

♦1878 Professur in Frankfurt

♦1888 England

♦1891 letztes Konzert

1896 in Frankfurt †

Robert Schumann

***1810 in Zwickau**

1831 „ABEGG-Variationen“

♦1834 „Neue Zeitschrift für Musik“

1836 „Kinderszenen“

1840 „Liederjahr“

1845 „Klavierkonzert a-moll“

1850 „Rheinische Sinfonie“

♦1854 Selbstmordversuch / Heilanstalt

†1856 in Endenich

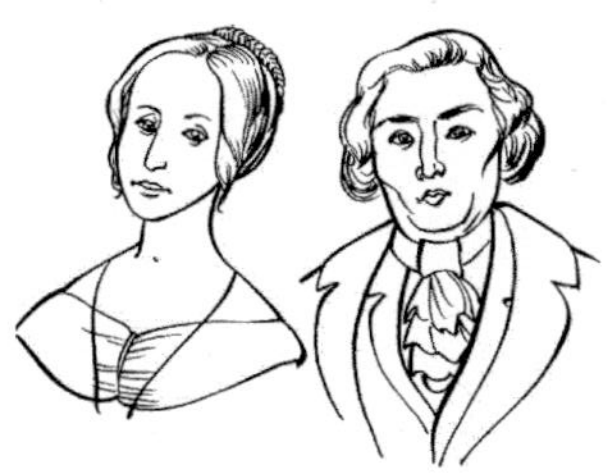

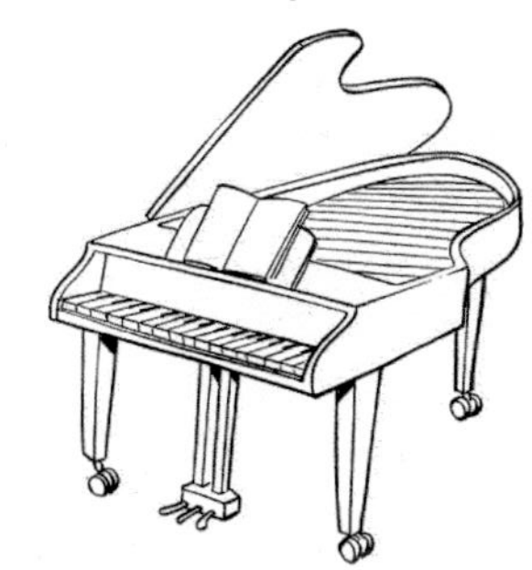

1800 – 1810 – 1820 – 1830 – 1840 – 1850 – 1860 – 1870 – 1880 – 1890 – 1900

12. Kunstlied der Romantik, Schubert, Schumann, Brahms, Wolf (Zeitraum: 1810–1900)

Hochklassik

Klassik

Frühromantik

Hochromantik

Spätromantik

Jahrhundertwende

Romantik

Impressionismus

(*1797 in Wien) **Franz Schubert** †1828 in Wien

1814 „Gretchen am Spinnrad"

1815 „Erlkönig" Schubert komponiert in diesem Jahr 150 Lieder

1823 „Die schöne Müllerin"

1827 „Winterreise"

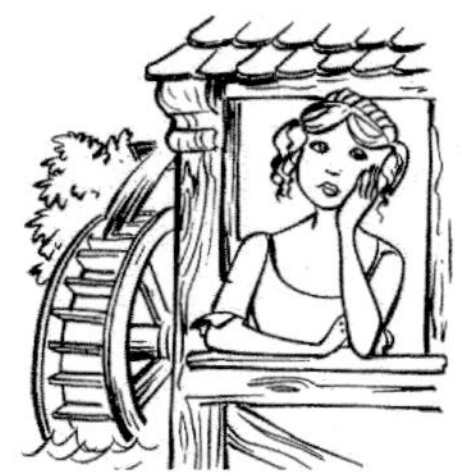

Die schöne Müllerin

Schubert, Schumann, Brahms und Wolf gelten als die wichtigsten Vertreter des deutschen Kunstlieds im engeren Sinne.

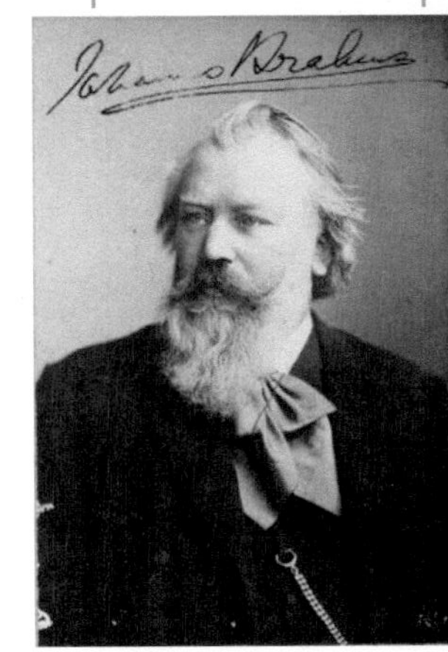

Johannes Brahms

*1810 in Zwickau **Robert Schumann** †1856 in Endenich

1840 Schumann komponiert in diesem Jahr 140 Lieder

1843 „Frauenliebe und Leben"

1840 „Dichterliebe"

1849 „Liederkreis op. 39"

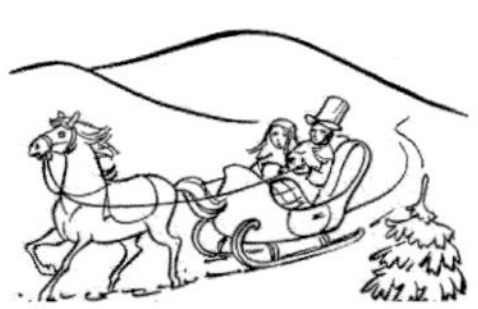

Schuberts „Winterreise"

*1833 in Hamburg **Johannes Brahms** 1897 in Wien †

1852/53 „Die Liebestreu op. 3"

1864 „Von ewiger Liebe"

1884 „Sapphische Ode"

*1860 in Windischgraz **Hugo Wolf** (1903 in Wien †)

1888 „Gedichte von Eduard Mörike"

1889 „Gedichte von Joseph von Eichendorff"

1810 — 1820 — 1830 — 1840 — 1850 — 1860 — 1870 — 1880 — 1890 — 1900

13. Die italienische Oper Rossinis, Verdis und Puccinis (Zeitraum: 1810–1910)

Hochklassik

Klassik

Frühromantik

Hochromantik

Spätromantik

Jahrhundertwende

Romantik

Impressionismus

(*1792 in Pesaro) Gioacchino Rossini †1868 in Passy

- 1813 „L'italiana in Algeri"
- 1816 „Il barbiere di Siviglia"
- 1818 „Mosè in Egito"
- 1823 „Semiramide"
- 1829 „Guillaume Tell"

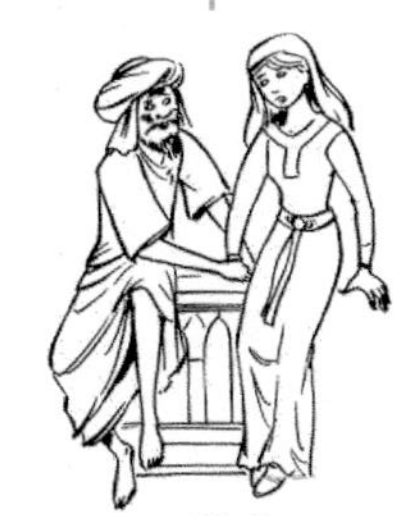

Otello

*1813 in Roncole Giuseppe Verdi †1901 in Mailand

- 1842 „Nabucco"
- 1847 „Macbeth"
- 1851 „Rigoletto"
- 1853 „La Traviata"
- 1867 „Don Carlos"
- 1871 „Aida"
- 1887 „Otello"
- 1893 „Falstaff"

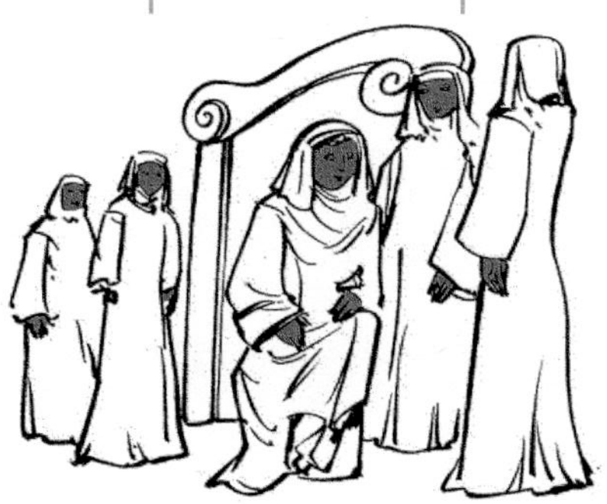

Nabucco

*1858 in Lucca Giacomo Puccini († 1924 in Brüssel)

- 1896 „La Bohème"
- 1900 „Tosca"
- 1904 „Madame Butterfly"

1810 1820 1830 1840 1850 1860 1870 1880 1890 1900 1910

Franziska Heiß: Musikgeschichte auf einen Blick © Auer Verlag

14. Große Virtuosen: Paganini, Chopin und Liszt (Zeitraum: 1820–1870)

Hochromantik

Spätromantik

Romantik

(*1782 in Genua) – Niccolò Paganini – †1840 in Nizza

1820 24 Capricci

(*1810 in Zelazowa-Wola) – Frédéric Chopin – †1849 in Paris

1829–32 Etüden op. 10

vor 1837 Etüden op. 25

1831–1846 „Polonaises“

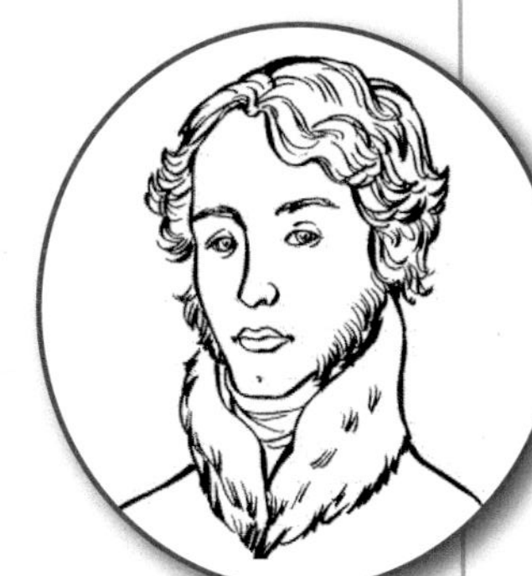

Frédéric Chopin

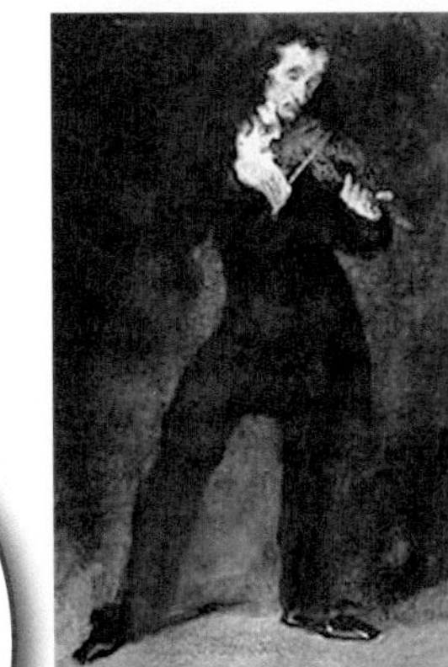

Niccolò Paganini

(*1811 in Raiding, Ungarn) – Franz Liszt – (†1886 in Bayreuth)

ab 1840 „Ungarische Rhapsodien“

1848 3 Konzertetüden

1851 „12 Études d'exécution transcendante“

1851 „Grandes Études de Paganini“

1860 „Mephisto-Walzer“

1862/63 2 Konzertetüden

1820 – 1830 – 1840 – 1850 – 1860 – 1870

15. Richard Wagner (Zeitraum: 1830–1890)

Hochromantik | Spätromantik

Romantik

♦1831 Musikstudium Leipzig

(*1813 in Leipzig)

♦1848 Treffen: Liszt

♦1852 Treffen: M. Wesendonck

♦1864 Treffen: König Ludwig II.

♦1870 Ehe mit Cosima (geb. Liszt)

♦1873 Festspielhaus Bayreuth

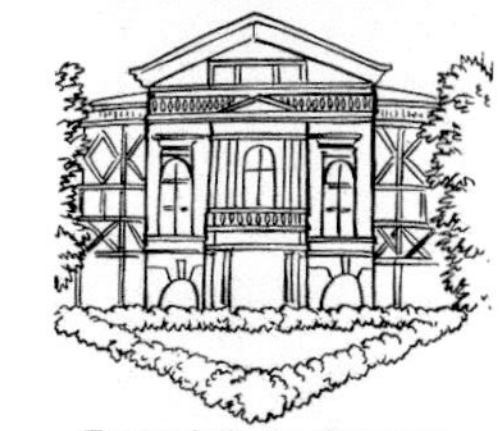

Festspielhaus Bayreuth

†1883 in Venedig

Richard Wagner

1842 „Rienzi"

1843 „Der fliegende Holländer"

1850 „Lohengrin"

1861 „Tannhäuser"

1865 „Tristan und Isolde"

1868 „Meistersinger"

1869 „Das Rheingold"

1870 „Walküre"

1876 „Siegfried" „Götterdämmerung"

1882 „Parsifal"

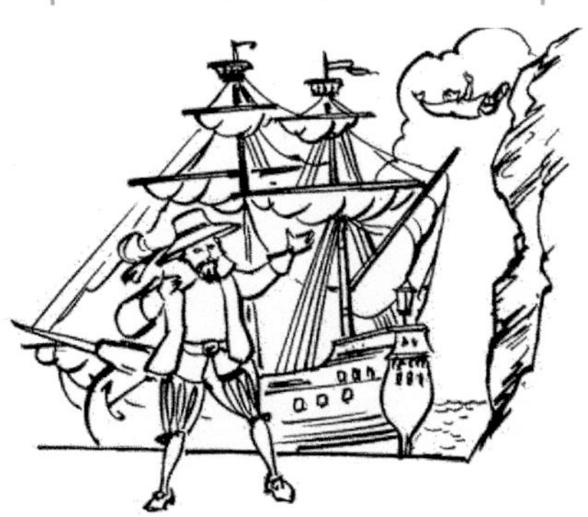

Der fliegende Holländer

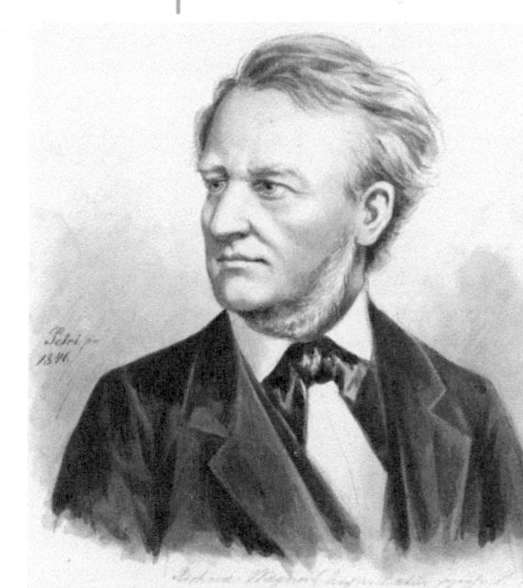

Richard Wagner

1830 – 1840 – 1850 – 1860 – 1870 – 1880 – 1890

16. Claude Debussy und Maurice Ravel (Zeitraum: 1860–1940)

Epochen und Strömungen:

- Spätromantik
- Romantik (1860–1890)
- Jahrhundertwende – „Emanzipation der Dissonanz“ (1890–1910)
- Neue Musik (Stilpluaralismus) (ab 1890)
- Impressionismus (1890–1900)
- Expressionismus (ab ca. 1907)
- Neoklassizismus (ab 1920)
- Zwölftonmusik (ca. 1923–1935)

Claude Debussy

*1862 in Saint-Germain-en-Laye – 1918 in Paris †

- ♦ 1873 Pariser Konservatorium
- ♦ 1884 Rompreis
- 𝄞 1887 „Le Printemps“
- 𝄞 1890 „Claire de Lune“
- 𝄞 1894 „Prélude à l’après-midi d’un faune“
- 𝄞 1902 „Pelléas et Mélisande“
- 𝄞 1903–1905 „La Mer“
- ♦ 1909 Krebsleiden
- 𝄞 1909–1912 24 „Préludes für Klavier“

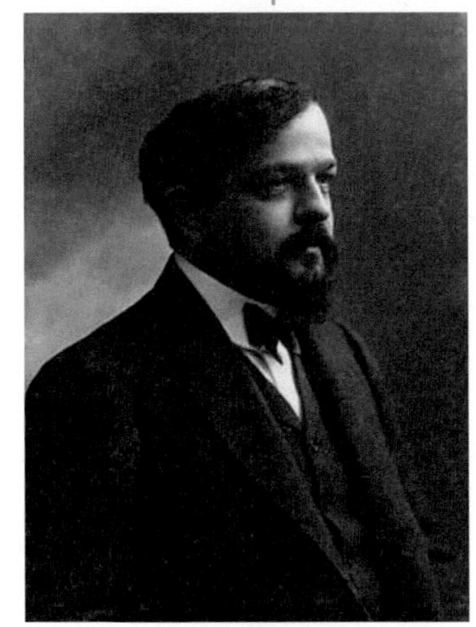

Claude Debussy

Maurice Ravel

*1875 in Ciboure – 1937 in Paris †

- ♦ 1889 Pariser Konservatorium
- 𝄞 1901 „Jeux d’eau“
- ♦ 1905 Ravel-Affäre
- 𝄞 1909 „Gaspard de la nuit“
- 𝄞 1909 „Daphnis et Chloé“
- 𝄞 1919/20 „La Valse“
- 𝄞 1928 „Boléro“

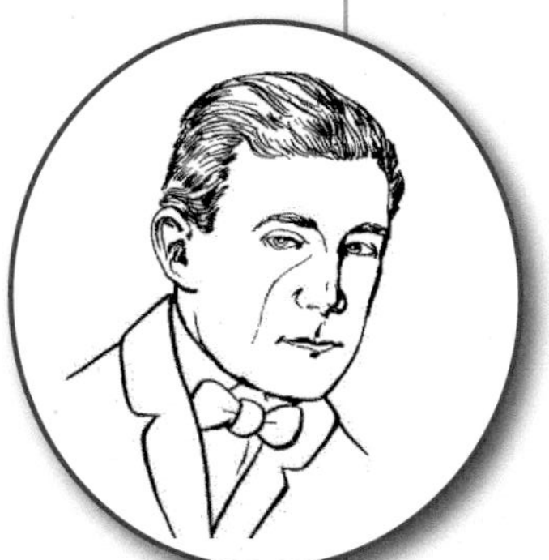

Maurice Ravel

1860 · 1870 · 1880 · 1890 · 1900 · 1910 · 1920 · 1930 · 1940

17. Sinfonische Dichtung / Programmmusik (Zeitraum: 1870–1930)

Spätromantik (1870–1890)

Jahrhundertwende – „Emanzipation der Dissonanz“ (1890–1910)

Neue Musik (Stilpluaralismus) (1890–1930)

Impressionismus (1890–1910)

Expressionismus (ab ca. 1908)

Neoklassizismus (ab ca. 1915)

Zwölftonmusik (ab ca. 1921)

Programmmusik bezeichnet Instrumentalmusik, die einem Programm aus dem außermusikalischen Bereich wie Filmkunst, Dichtkunst, Malerei, Bildhauerei, Natur, Technik, Geschichte, Philosophie, Politik, Sport u. Ä. folgt. Als frühes Werk dieser Gattung gilt die „Symphonie fantastique“ von Hector Berlioz (1830).

Entwicklung der Programmmusik

𝄞 1874
Modest Mussorgski
„Bilder einer Ausstellung“ (Klavierzyklus, gilt als Musterbeispiel für Programmmusik)

𝄞 1882
Bedřich Smetana
„Ma vlast“ (darin: „Die Moldau“)

𝄞 1886
Camille Saint-Saens
„Le Carnaval des animaux“

𝄞 1895
Richard Strauss
„Till Eulenspiegels lustige Streiche“

𝄞 1896
Richard Strauss
„Also sprach Zarathustra“

𝄞 1897
Paul Dukas
„L’Apprenti Sorcier“

𝄞 1905
Claude Debussy
„Pelléas et Mélisande“
„La mer“

𝄞 1915
Richard Strauss
„Eine Alpensinfonie“

𝄞 1920
Gustav Holst
„Die Planeten“

𝄞 1924
Arthur Honegger
„Pacific 231“

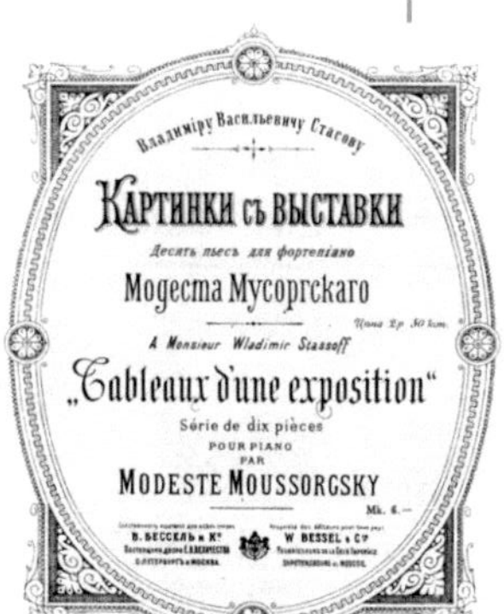

Deckblatt der 1. Ausgabe von „Bilder einer Ausstellung“

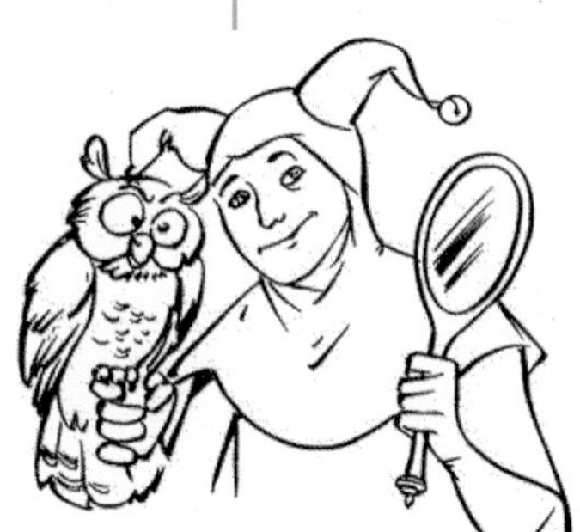

Till Eulenspiegel

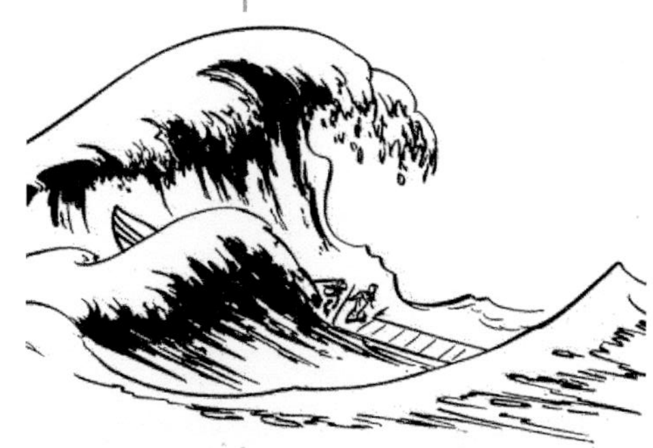

1870 – 1880 – 1890 – 1900 – 1910 – 1920 – 1930

18. Igor Strawinsky (Zeitraum: 1880–1980)

Neue Musik (Stilpluaralismus)

Spätromantik – Jahrhundertwende – Impressionismus – Emanzipation der Dissonanz – Expressionismus – Neoklassizismus – Zwölftonmusik – Aleatorik – Serielle Musik – Postserielle Musik

Russische Periode Ballet – Neoklassizistische Periode

Igor Strawinsky

- *1882 in Oranienburg (Russland)
- ♦1899 Jurastudium
- ♦1903 Musikstudium
- ♦1910–14 Ukraine/Schweiz
- 𝄞 1910 „L'Oiseau de feu“
- 𝄞 1911 „Petrouchka“
- 𝄞 1913 „Le Sacre du Printemps“
- ♦1920–39 Frankreich
- 𝄞 1920 „Pulcinella“
- 𝄞 1927 „Oedipus-Rex“
- 𝄞 1930 „Psalmensinfonie“
- ♦1939 USA
- ♦1945 Amerikanischer Staatsbürger
- 𝄞 1951 „The Rake's Progress“
- 𝄞 1957/58 „Threni“
- †1971 in New York

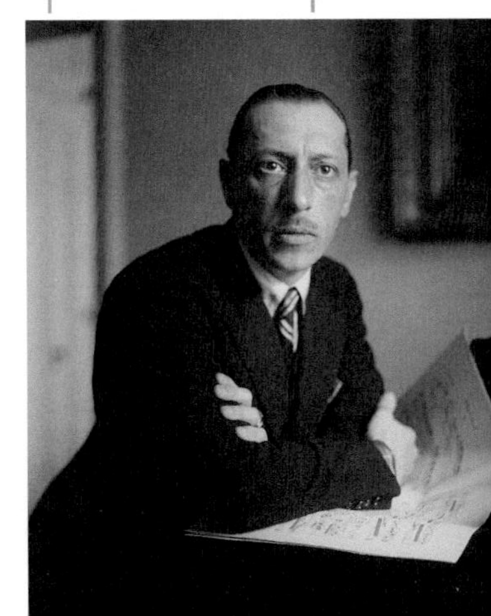

Igor Strawinsky

1880 – 1890 – 1900 – 1910 – 1920 – 1930 – 1940 – 1950 – 1960 – 1970 – 1980

Franziska Heiß: Musikgeschichte auf einen Blick © Auer Verlag

19. Béla Bartók (Zeitraum: 1880–1950)

Neue Musik (Stilpluaralismus)

Spätromantik

Jahrhundertwende

Impressionismus

„Emanzipation der Dissonanz“

Expressionismus

Neoklassizismus

Zwölftonmusik

♦1908–1934
Professor für Klavier an der Königlichen Akademie in Ungarn

♦1924
„Das ungarische Volkslied“

♦1940
Emigration in die USA

* 1881 in Nagyszentmiklós

♦1899
Studium Klavier/Komposition

♦1915–18
Soldatenlieder

Béla Bartók

†1945
in New York

1911
„Herzog Blaubarts Burg“

1911
„Allegro barbaro“

♦1926–1937
„Mikrokosmos“
Der „Mikrokosmos“ ist eine Klavierschule in 6 Bänden mit 153 Stücken

1943
„Konzert für Orchester“

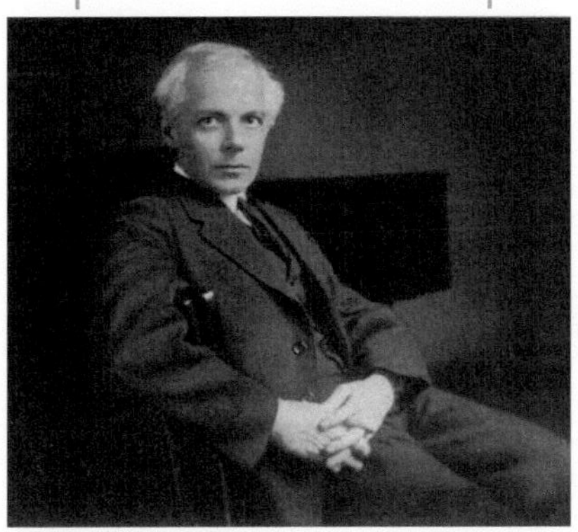

Béla Bartók: Ungarischer Komponist, Pianist und Musikethnologe, einer der bedeutendsten Vertreter der Moderne

1880 | 1890 | 1900 | 1910 | 1920 | 1930 | 1940 | 1950

Franziska Heiß: Musikgeschichte auf einen Blick © Auer Verlag

20. Carl Orff (Zeitraum: 1890–1990)

Neue Musik (Stilpluralismus)

Jahrhundertwende

Impressionismus

Expressionismus

Neoklassizismus

Serielle Musik

*1895 in München

♦1912–14 Studium a.d. Akademie der Tonkunst

♦1917 Kriegsdienst

♦1924 Güntherschule

♦1930 Orff-Schulwerk

𝄞 1936 „Olympischer Reigen“

𝄞 1937 „Carmina burana“

𝄞 1943 „Die Kluge“

𝄞 1947 „Die Bernauerin“

𝄞 1949 „Antigonae“

♦1950–1960 Leitung Kompositionsklasse Musikhochschule München

♦1961 Leitung des Orff-Instituts

𝄞 1968 „Prometheus“

♦1972 Bundesverdienstkreuz

𝄞 1972 „Gruß der Jugend“

†1982 in München

Carl Orff

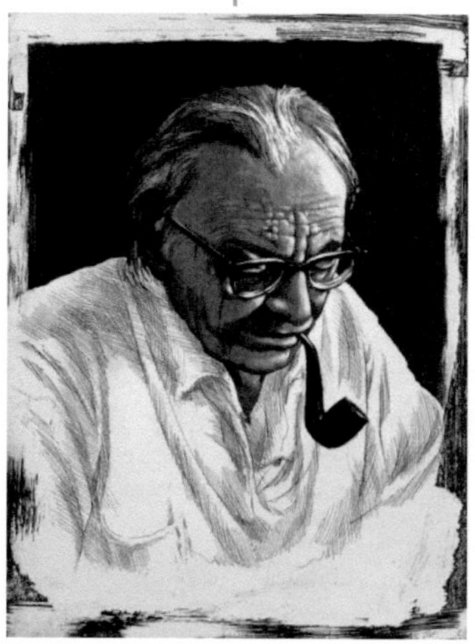

Carl Orff, deutscher Komponist und Musikpädagoge

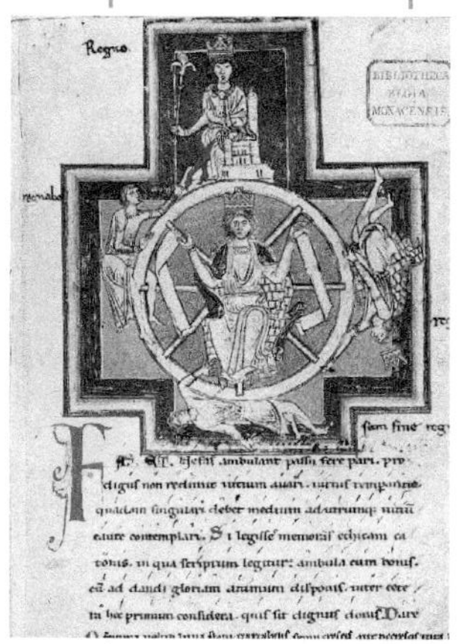

Carmina burana

1890 – 1900 – 1910 – 1920 – 1930 – 1940 – 1950 – 1960 – 1970 – 1980 – 1990

Franziska Heiß: Musikgeschichte auf einen Blick © Auer Verlag

21. Wichtige Werke in der 1. Hälfte des 20. Jahrhunderts (Zeitraum: 1900–1950)

Neue Musik (Stilpluralismus)

- Expressionismus
- „Emanzipation der Dissonanz“
- Neoklassizismus
- Impressionismus
- Zwölftonmusik

♦ 1911 Arnold Schönberg Harmonielehre
♦ 1912 Der blaue Reiter
♦ 1918 „Les Six“ in Frankreich
♦ 1921–1926 Donaueschinger Musiktage
♦ 1930 Orff-Schulwerk
♦ 1938 Ausstellung „Entartete Musik“
♦ ab 1946 Darmstädter Ferienkurse

Entwicklung im 20. Jahrhundert

- 1900–11 Arnold Schönberg „Gurrelieder“
- 1902 Claude Debussy „Pelléas et Mélisande“
- 1905 Richard Strauss „Salome“
- 1908 Alexander Skrjabin „Poème de l’éxtase“
- 1909 Richard Strauss „Elektra“
- 1911 Bela Bartók „Allegro barbaro“
- 1913 Igor Strawinsky „Le Sacre du Printemps“
- 1916 Sergej Prokofieff „Symphony classique“
- 1921–1923 Arnold Schönberg „Klaviersuite op. 25“
- 1925 Alban Berg „Wozzeck“
- 1926–1937 Béla Bartók „Mikrokosmos“
- 1927 Arthur Honegger „Antigone“
- 1928 Kurt Weill „Die Dreigroschenoper“
- 1936 Carl Orff „Carmina burana“
- 1938 Paul Hindemith „Mathis der Maler“
- 1944 John Cage „Präpariertes Klavier“
- 1945 Benjamin Britten „Peter Grimes“
- 1947 Edgar Varèse „Étude pour Espace“
- 1948 Olivier Messiaen „Turangalîla“

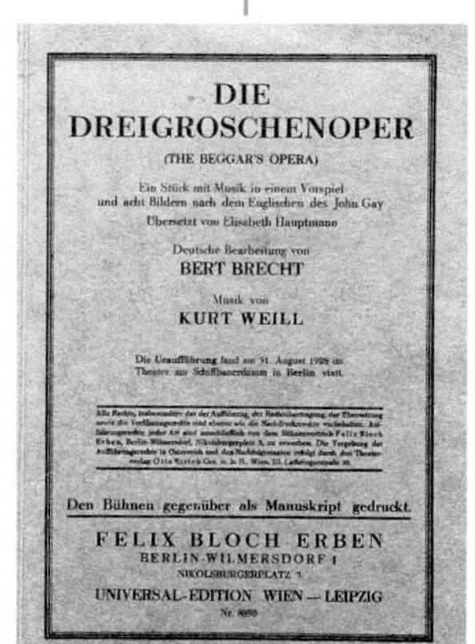

Dreigroschenoper

1900 | 1910 | 1920 | 1930 | 1940 | 1950

Franziska Heiß: Musikgeschichte auf einen Blick © Auer Verlag

22. Stilpluralismus (Zeitraum: 1900–1960)

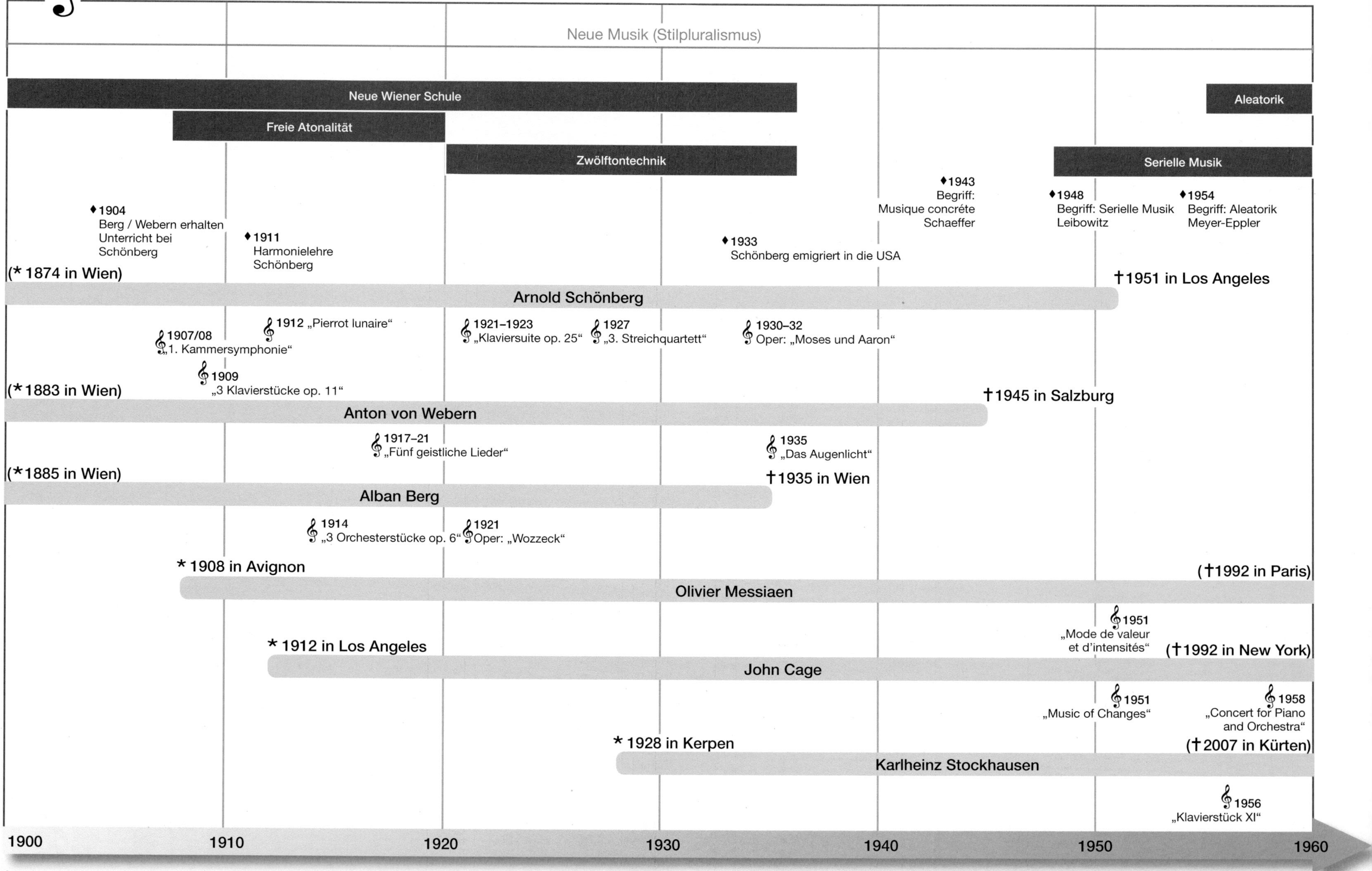

23. Geschichte des Blues (Zeitraum: 1900–1970)

1. Weltkrieg

2. Weltkrieg

Vietnamkrieg

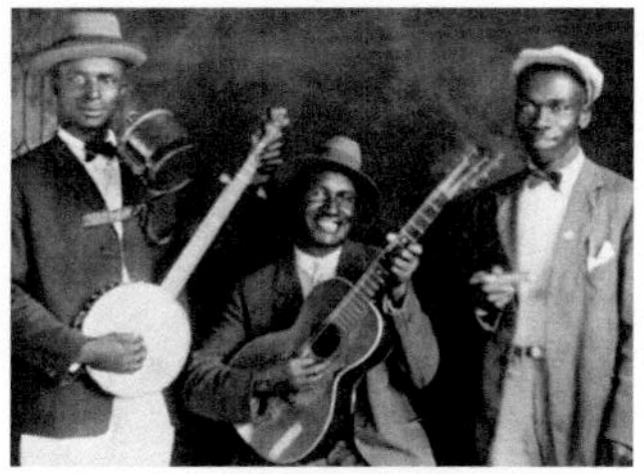

Eine typische Blues Combo

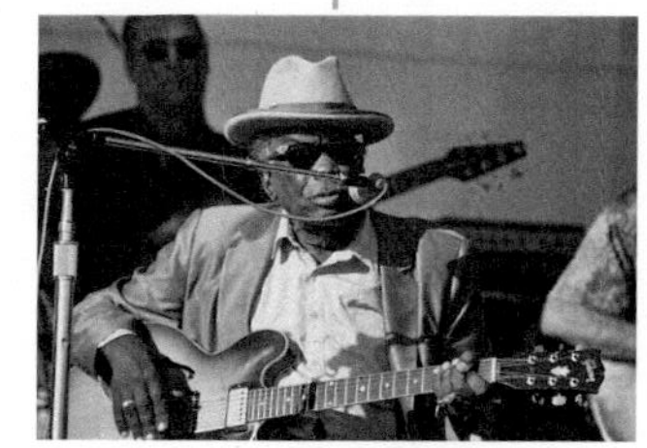

John Lee Hooker

Entwicklung des Blues

1907 Charley Patton „Pony Blues“

1912 W.C. Handy „Memphis Blues“

1914 W.C.Handy „St. Louis Blues“

1920 Mamie Smith „Crazy Blues“

1923 Bessie Smith „Down Hearted blues“

1929 Charley Patton „1. Session“

1930 Son House „Preachin' the Blues“

1935 Big Joe Williams „Baby Please Don't Go“

1937 Bukka „Shake'em on Down“

1941/42 Son House „Delta Blues“

1941 Muddy Waters „Country Blues“

1948 Lonnie Johnson „Tomorrow Night“

1948 Muddy Waters „Hoochie Coochie Man“

1948 John Lee Hooker „Boogie Chillen“

1951 Howlin' Wolf „How Many More Years“

1959 John Lee Hooker „I'm John Lee Hooker“

1961 Howlin' Wolf „Little Red Rooster“

1968 B.B. King „Lucille“

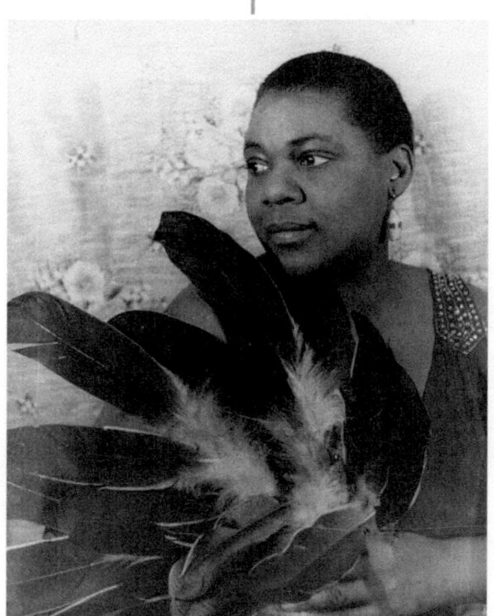

Bessie Smith

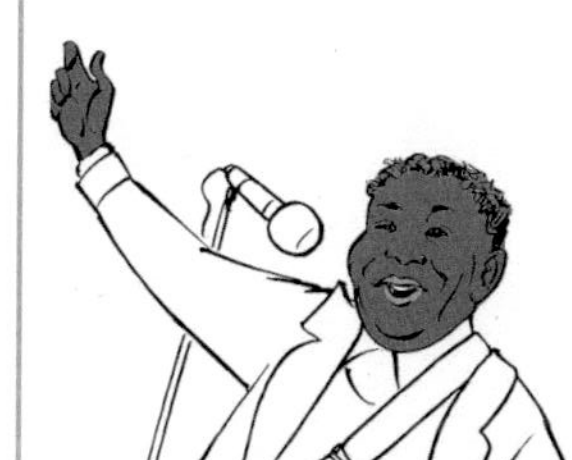

B.B.King

1900 – 1910 – 1920 – 1930 – 1940 – 1950 – 1960 – 1970

24. Geschichte des Jazz (Zeitraum: 1900–1970)

1. Weltkrieg | 2. Weltkrieg | Vietnamkrieg

- Ragtime (1900–1912)
- New-Orleans-Jazz (1900–1925)
- Dixie (1900–1925)
- Chicago-Stil (1920–1930)
- Swing (1930–1940)
- Bebop (1940–1953)
- Cool Jazz (1950–1960)
- Free-Jazz (1960–1970)
- Rock-Jazz (1960–1970)

♦ ca. 1900: Musikrichtung des Jazz entsteht in den USA

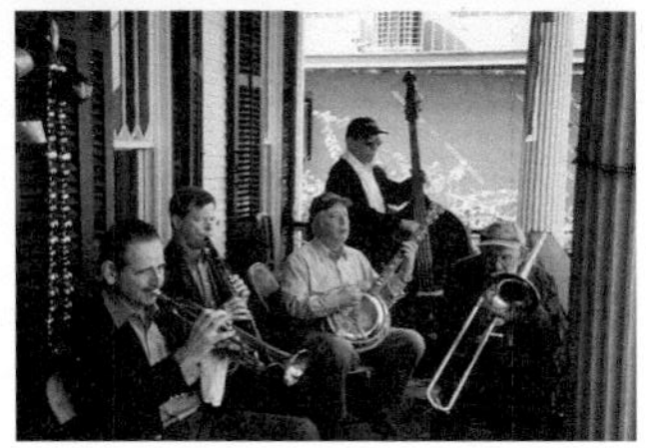

Dixieband

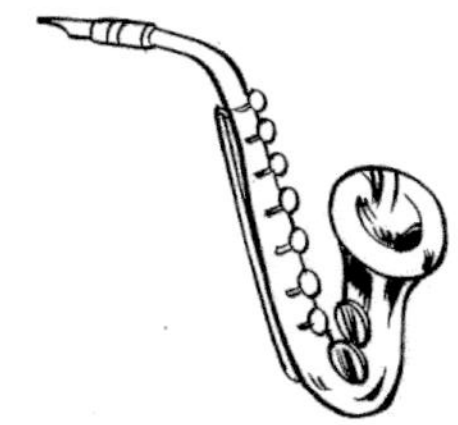

Entwicklung des Jazz

- 1902 Scott Joplin „The Entertainer“
- 1912 W.C. Handy „Memphis Blues“
- 1923 Jelly Roll Morton „Jelly Roll Morton and His Orchestra“
- 1925 Louis Armstrong „Hot Five Recordings“
- 1927 Bix Beiderbecke „At Jazz Band Ball“
- 1929 Benny Goodman „B.G. and the Giants of Swing“
- 1937 Billie Holiday „The Quintessential“
- 1937–1949 Dizzy Gillespie „The Complete RCA Victor Recordings“
- 1938 Benny Goodman „Carnegie Hall Concert“
- 1940 Duke Ellington „The Duke at Fargo“
- 1945 Charlie Parker „The Charlie Parker Story“
- 1947 Thelonious Monk „The Genius Of Modern Music“
- 1949/50 Miles Davis „The Birth of the Cool“
- 1959 Miles Davies „A Kind of Blue“
- 1959 Dave Brubeck „Time Out“
- 1960 Ornette Coleman „Free Jazz“
- 1964 John Coltrane „A Love Supreme“
- 1968 Archie Shepp „The Way Ahead“

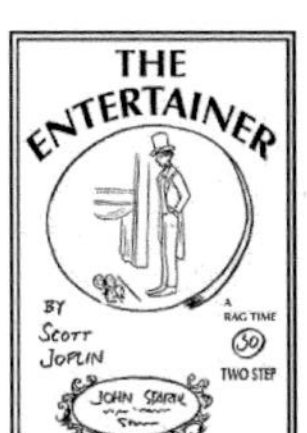

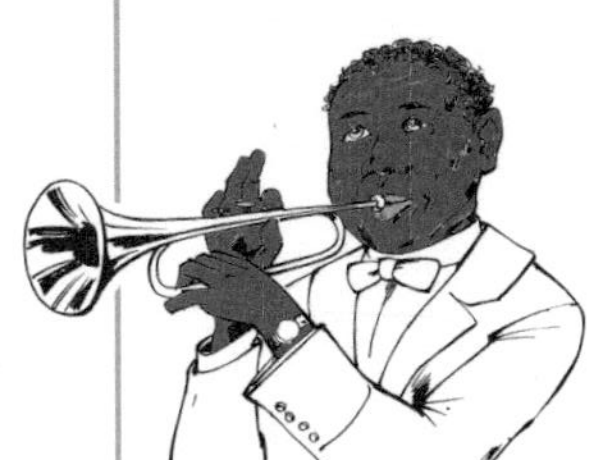

Louis Armstrong

1900 | 1910 | 1920 | 1930 | 1940 | 1950 | 1960 | 1970

Franziska Heiß: Musikgeschichte auf einen Blick © Auer Verlag

25. Geschichte des Musicals (Zeitraum: 1920–2000)

Expressionismus

Serielle Musik

Postserielle Musik

- **ab 1. Weltkrieg** New Yorker Broadway als Zentrum der Musicalwelt
- **ab 1930** Entwicklung des Filmmusicals
- **ab Ende der 60er-Jahre** „Rock"-Musical

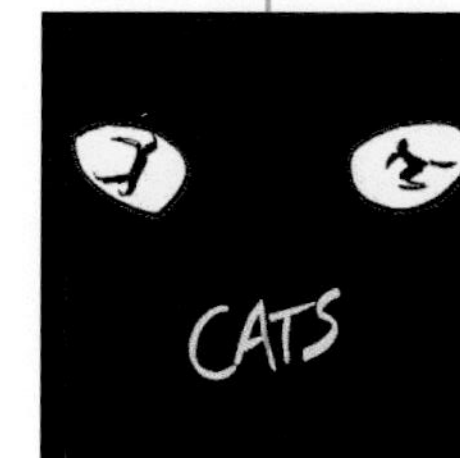

Entwicklung des Musicals

- **1921** Eubie Blake „Shuffle Along"
- **1927** Jerome Kern „Show Boat"
- **1931** George Gershwin „Of thee I sing"
- **1943** Rogers Hammerstein „Oklahoma"
- **1948** Cole Porter „Kiss Me Kate"
- **1956** Frederick Loewes „My Fair Lady"
- **1957** Leonard Bernstein „West Side Story"
- **1964** Jerry Bock „Fiddler on the Roof"
- **1966** John Kander „Cabaret"
- **1966** Galt McDermot „Hair"
- **1971** Andrew Lloyd Webber „Jesus Christ Superstar"
- **1972** Casey/Jacobs „Grease"
- **1975** Tietjens/Sloane „The Wizard of Oz"
- **1981** Andrew Lloyd Webber „Cats"
- **1986** Andrew Lloyd Webber „Phantom of the Opera"
- **1989** Claude-M. Schoenberg „Les Misérables"
- **1989** Claude-M. Schoenberg „Miss Saigon"
- **1997** Elton John „König der Löwen"
- **1999** Andersson/Ulvaeus „Mamma Mia"

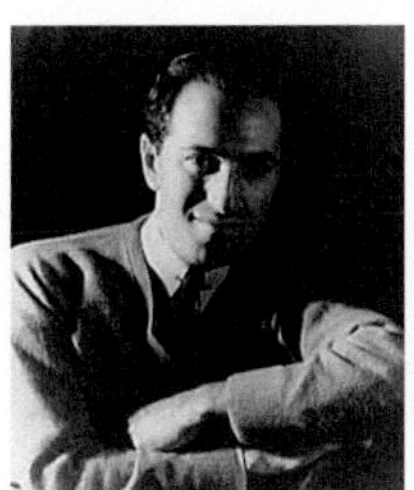
George Gershwin

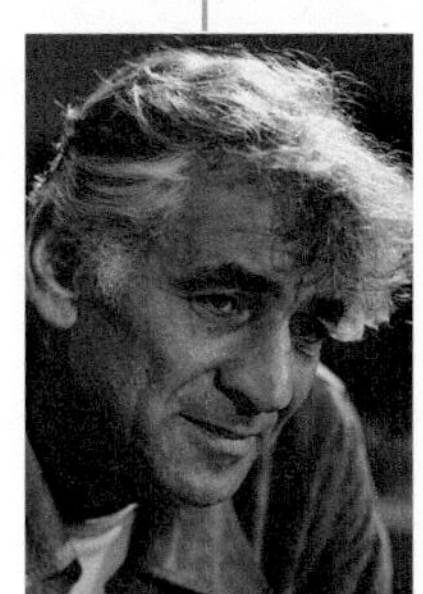
Leonard Bernstein

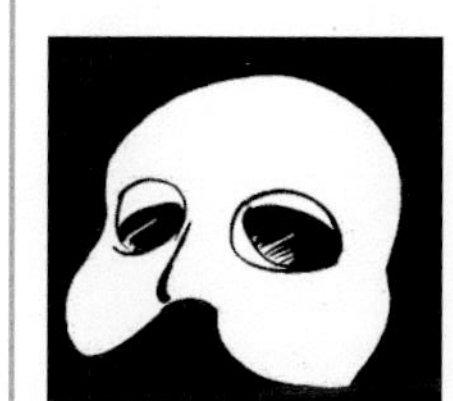
Das Phantom der Oper

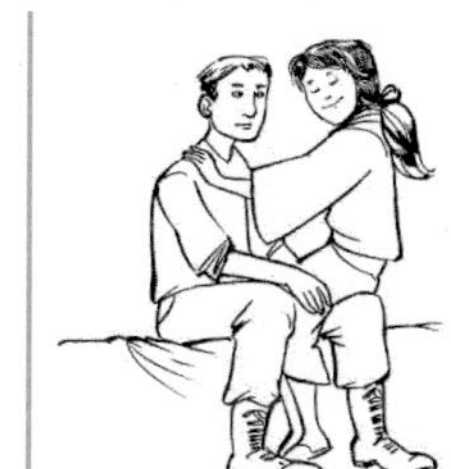
Miss Saigon

1920 – 1930 – 1940 – 1950 – 1960 – 1970 – 1980 – 1990 – 2000 – 2010

Franziska Heiß: Musikgeschichte auf einen Blick © Auer Verlag

26. Geschichte des Rock (Zeitraum: 1950–2000)

♦ 1961 Bau der Berliner Mauer

♦ 1962 Kubakrise

Vietnamkrieg

♦ 1968 Prager Frühling

♦ 1989 Fall der Berliner Mauer

Rock ´n´ Roll

Beat

Soft beat, Soul, Blues Rock, Folk Rock, Electronic Rock, Experimenteller Rock etc.

Hard Rock, Reggae, Punk

Heavy Metal, Rap, Hip Hop, Independent

Techno, Brit Pop, Crossover etc.

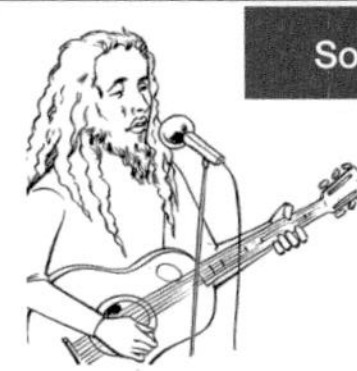

Bob Marley

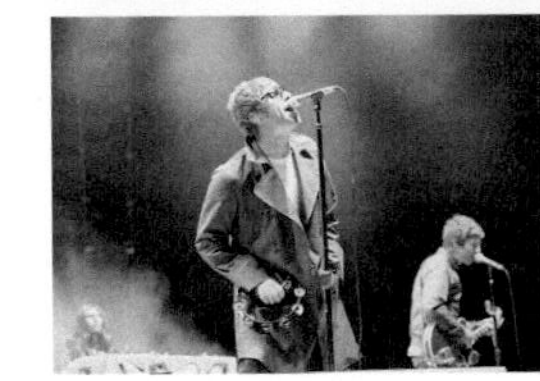

Oasis

Entwicklung des Rock

1955
Chuck Berry
„Maybelline“

1955
Bill Haley
„Rock around the clock“

1956
Elvis Presley
„Heartbreak Hotel“

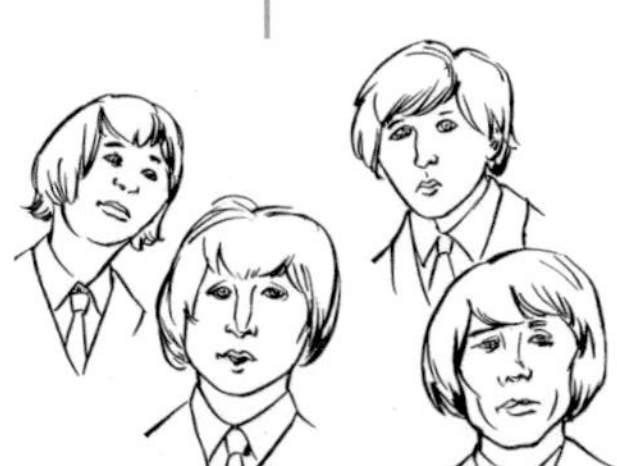

The Beatles

1964
Bob Dylan
„The Times They Are A-Changin'“

1966
The Beach Boys
„Pet Sounds“

1967
The Doors
„Strange Days“

1967
The Beatles
„Sgt. Pepper's Lonely Hearts Club Band“

1967
Pink Floyd
„The Piper at the Gates of Dawn“

1967
Jimmy Hendrix
„Are you Experienced?“

1969
Led Zeppelin
„Led Zeppelin“

1971
Led Zeppelin
„Led Zeppelin IV“

1971
The Rolling Stones
„Sticky Fingers“

1971
Deep Purple
„Machine Head“

1973
Black Sabbath
„Sabbath Bloody Sabbath“

1974
Bob Marley
„Natty Dread“

1977
Sex Pistols
„Never Mind the Bollocks, Here's the Sex Pistols“

1979
The Clash
„London Calling“

1980
Motörhead
„Ace of Spades“

1986
Run-DMC
„Raising Hell“

1986
Metallica
„Master of Puppets“

1988
Public Enemy
„It Takes a Nation of Millions to Hold Us Back“

1989
The Stone Roses
„The Stone Roses“

1991
Nirvana
„Nevermind“

1994
Oasis
„Definitely Maybe“

1994
Dog Eat Dog
„All Boro Kings“

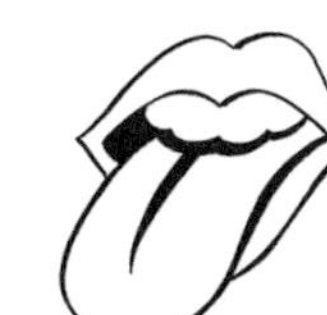

The Rolling Stones

1994
The Rolling Stones
„Voodoo Lounge“

1950 — 1960 — 1970 — 1980 — 1990 — 2000

Franziska Heiß: Musikgeschichte auf einen Blick © Auer Verlag

27. Minimal Music (Zeitraum: 1960–2000)

Die **Minimal Music** verarbeitet Einflüsse aus asiatischer und afrikanischer Musik, dem Freejazz sowie bestimmten Formen des Rock.

♦ **1970**
Der Begriff „Minimal Music“ wird von Michael Campillo geprägt. Er bezeichnet verschiedene Musikstile innerhalb der neuen Musik.

Entwicklung der Minimal Musik

1962
La Monte Young
„The 4 Dreams of China“

1964
Terry Riley
„In C“

1964
La Monte Young
„The Well-Tuned Piano“

1967
Steve Reich
„Piano Phase“

1971
Steve Reich
„Drumming“

1971
Christopher Hobbs
„Aran“

1976
Philip Glass
„Einstein on the Beach“

1977
John Adams
„Shaker Loops“

1982
Michael Nyman
„The Draughtsman's Contract“

1987
John Adams
„Nixon in China“

1992
John Adams
„Chamber Symphony“

1992
Philip Glass
„The Voyage“

1960 – 1970 – 1980 – 1990 – 2000

Franziska Heiß: Musikgeschichte auf einen Blick © Auer Verlag

Quellenverzeichnis

S. 9 H. Schütz © From The New York Public Library, https://digitalcollections.nypl.org/items/86586a70-b363-b4a8-e040-e00a18062c0e
Titelseite „Psalmen Davids“ © Stimmbuch-Viewer der Bayerischen Staatsbibliothek, http://stimmbuecher.digitale-sammlungen.de/api/book/bsb00089783/page/5.jpg

S. 10 J.-B. Lully © From The New York Public Library, https://digitalcollections.nypl.org/items/510d47e0-0f1b-a3d9-e040-e00a18064a99

S. 13 R. Schumann © J. Kriehuber [Public domain], via Wikimedia Commons, https://commons.wikimedia.org/wiki/File:Robert_Schumann_1839.jpg

S. 21 Der Tag der ist so freudenreich, BWV 605, aus dem Orgelbüchlein © J. S. Bach [Public domain], via Wikimedia Commons, https://commons.wikimedia.org/wiki/File:BWV605.png

S. 25 Papageno © I. Alberti [Public domain], via Wikimedia Commons, https://commons.wikimedia.org/wiki/File:Papageno.jpg

S. 30 J. Brahms © From The New York Public Library, Fotograf: C. Brasch, Berlin, https://digitalcollections.nypl.org/items/510d47dd-f936-a3d9-e040-e00a18064a99

S. 32 N. Paganini © E. Delacroix [Public domain], The Yorck Project: 10.000 Meisterwerke der Malerei. DVD-ROM, 2002. ISBN 3936122202. Distributed by DIRECTMEDIA Publishing GmbH, via Wikimedia Commons, https://commons.wikimedia.org/wiki/File:Eug%C3%A8ne_Ferdinand_Victor_Delacroix_045.jpg

S. 33 R. Wagner © From The New York Public Library, https://digitalcollections.nypl.org/items/8a31f0a2-4c7a-2661-e040-e00a18065509

S. 34 C. Debussy © From The New York Public Library, Fotograf: F. Nadar, https://digitalcollections.nypl.org/items/510d47dd-c3e1-a3d9-e040-e00a18064a99

S. 35 Deckblatt © M. Mussorgski [Public domain], via Wikimedia Commons, https://commons.wikimedia.org/wiki/File:Pictures_at_the_Exhibition_1st_edition.jpg

S. 36 I. Strawinsky © By George Grantham Bain Collection [Public domain], via Wikimedia Commons, https://commons.wikimedia.org/wiki/File:Igor_Stravinsky_LOC_32392u.jpg

S. 37 B. Bartók © [Public domain], via Wikimedia Commons, https://commons.wikimedia.org/wiki/File:Bart%C3%B3k_B%C3%A9la_1927.jpg

S. 38 C. Orff © Jens Rusch CC-BY-SA-3.0 (http://creativecommons.org/licenses/by-sa/3.0/), via Wikimedia Commons, https://commons.wikimedia.org/wiki/File:Carl_Orff.jpg
Buchausschnitt © By Anonymous [Public domain], via Wikimedia Commons, https://commons.wikimedia.org/wiki/File:CarminaBurana_wheel.jpg

S. 39 Deckblatt © Foto H.-P. Haack CC BY 3.0 (https://creativecommons.org/licenses/by/3.0), via Wikimedia Commons, https://commons.wikimedia.org/wiki/File:(1928)_Brecht_Dreigroschenoper.jpg

S. 41 Blues Combo © By Herald Mosley (blues.com) [Public domain], via Wikimedia Commons, https://commons.wikimedia.org/wiki/File:Cannon%27sJugStompers.jpg
B. Smith © By Carl Van Vechten, restored by Adam Cuerden [Public domain], via Wikimedia Commons, https://commons.wikimedia.org/wiki/File:Bessie_Smith_(1936)_by_Carl_Van_Vechten.jpg
J. L. Hooker © I, Sumori CC-BY-SA-3.0 (http://creativecommons.org/licenses/by-sa/3.0/), via Wikimedia Commons, https://commons.wikimedia.org/wiki/File:JohnLeeHooker1997.jpg

S. 42 Dixieband © Photo by Infrogmation of New Orleans CC BY-SA 2.5 (https://creativecommons.org/licenses/by-sa/2.5), via Wikimedia Commons, https://commons.wikimedia.org/wiki/File:BrianOConnell05.jpg

S. 43 G. Gershwin © Carl Van Vechten [Public domain], via Wikimedia Commons, https://commons.wikimedia.org/wiki/File:George_Gershwin_1937.jpg
L. Bernstein © By Marion S. Trikosko [Public domain], via Wikimedia Commons, https://commons.wikimedia.org/wiki/File:Leonard_Bernstein_1971-2.jpg
Cats Logo © RUG Ltd.

S. 44 Oasis © By Will Fresch CC BY-SA 2.0 (https://creativecommons.org/licenses/by-sa/2.0), via Wikimedia Commons, https://commons.wikimedia.org/wiki/File:Oasis_Noel_and_Liam_WF.jpg

Jederzeit optimal vorbereitet in den Unterricht?

Lehrerbüro!

Hier finden Sie alle Unterrichtsmaterialien

der Verlage Auer, PERSEN und scolix

immer und überall online verfügbar.

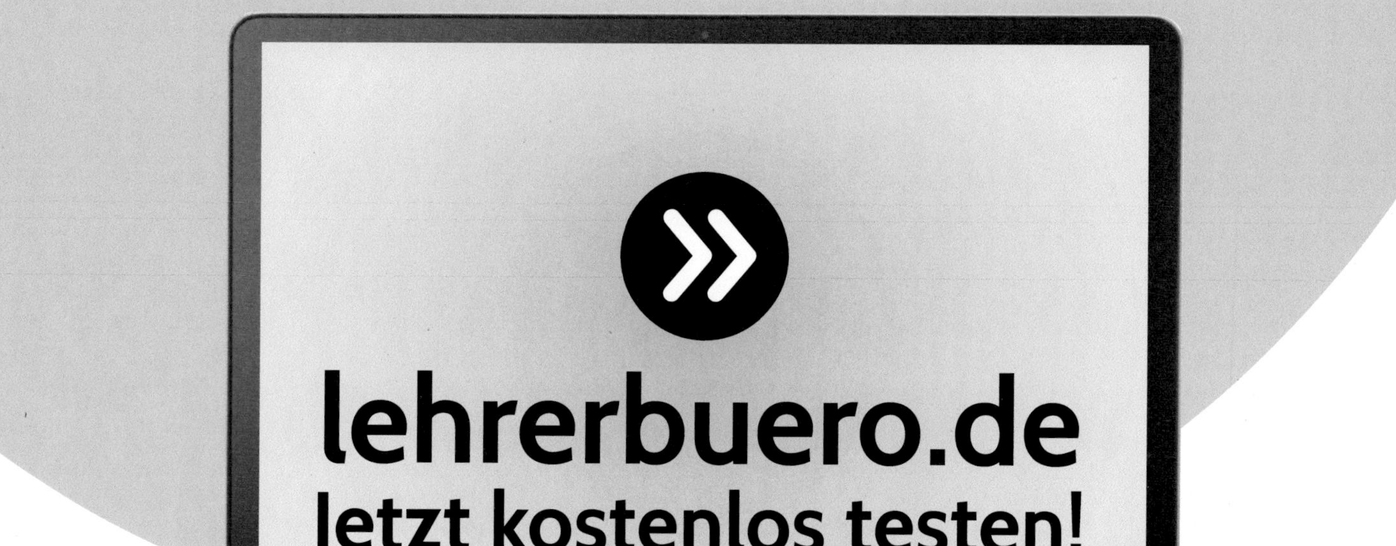

lehrerbüro

Das Online-Portal für Unterricht und Schulalltag!